给孩子恰到好处的爱

做不焦虑的父母

THE RIGHT LOVE

[美]丽莎·舒格曼 著
戴婧晶 译

Lisa Sugarman

图书在版编目（CIP）数据

给孩子恰到好处的爱 做不焦虑的父母 / (美) 丽莎·舒格曼著; 戴婧晶译. — 北京: 北京联合出版公司, 2020.5

ISBN 978-7-5596-3504-4

Ⅰ. ①给… Ⅱ. ①丽… ②戴… Ⅲ. ①家庭教育 Ⅳ. ①G78

中国版本图书馆CIP数据核字（2020）第035021号

北京市版权局著作权合同登记 图字: 01-2019-6437

Untying Parent Anxiety (Years 5-8) ©2017 Lisa Sugarman. Original English language edition published by FAMILIUS, 1254 Commerce Way, Sanger, CA 93657, USA. All rights reserved. Simplified Chinese rights arranged through CA-LINK International LLC (www.ca-link.com).

Simplified Chinese edition copyright © 2020 by Beijing United Publishing Co., Ltd.
All rights reserved.
本作品中文简体字版权由北京联合出版有限责任公司所有

给孩子恰到好处的爱 做不焦虑的父母

作　　者：[美] 丽莎·舒格曼（Lisa Sugarman）
译　　者：戴婧晶
出版监制：刘　凯　马春华
选题策划：联合低音
责任编辑：周　杨
封面设计：柒拾叁号工作室
内文排版：薛丹阳

关注联合低音

北京联合出版公司出版
（北京市西城区德外大街83号楼9层　100088）
北京联合天畅文化传播公司发行
北京华联印刷有限公司印刷　新华书店经销
字数123千字　880毫米 × 1230毫米　1/32　7印张
2020年5月第1版　2020年5月第1次印刷
ISBN 978-7-5596-3504-4
定价：42.00元

版权所有，侵权必究
未经许可，不得以任何方式复制或抄袭本书部分或全部内容
本书若有质量问题，请与本公司图书销售中心联系调换。电话：（010）64258472-800

身为家长,我们的幸福感尚不及孩子的一半。

谨将此书献给我的家人。

因为你们是我的"梦之队"。

这个世界上没有人比我更爱你们。

拥抱，亲吻

目 录

前　言　　　　　　　　　　　　　　　　　001
绪　论　　　　　　　　　　　　　　　　　005
阅读指南　　　　　　　　　　　　　　　　008

误区 1　成绩至上　　　　　　　　　　　　　 1
误区 2　孩子离了父母不行　　　　　　　　　11
误区 3　送孩子入园时，孩子哭闹不可避免　　21
误区 4　新朋友会取代父母在孩子心中的位置　31
误区 5　我家孩子是恶魔！他永远也交不到朋友　39
误区 6　如果惩罚孩子，他会恨我　　　　　　49
误区 7　我的孩子永远也走不出"双重人格"的阶段　61
误区 8　孩子闹剧到了初中、高中才会发生　　71

误区 9　父母与孩子之间不存在沟通障碍　83
误区 10　想让孩子保持学术竞争力，就必须给孩子报更多的课外小组与兴趣班　95
误区 11　好孩子应该不吵不闹、规规矩矩　107
误区 12　科技正在毁掉我们的下一代　117
误区 13　孩子太小了，还不能干家务　129
误区 14　孩子天生占有欲强　141
误区 15　孩子一旦落后，就永远赶不上其他人了　153
误区 16　智商比情商更重要　165
误区 17　对孩子说"不"的家长不是好家长　177
误区 18　孩子的性格和心态是先天注定的　189

请稍等一下，本书尚未完结　201
后　记　203
参考资料　207

前　言

我常年与孩子们打交道。10多年小学教师和两个女孩母亲的身份，让我每天都有很多机会接触孩子（及其家长）。我所亲眼见到的，年幼孩子在父母高期待压力下濒临崩溃的案例逐年增加。越来越多的父母不切实际地期望自己的孩子在各个方面的表现都超越其同龄人。

而结果呢？孩子们越来越频繁地造访心理诊所，甚至不得不接受药物治疗来抑制情绪紊乱、抑郁、社交恐惧和急性焦虑的发作。我每天都能亲眼看到这类事件的发生。根据儿童心理研究所发布的《2016年儿童心理健康报告》，美国18岁以下患有或曾经患有诊断性精神疾病的青少年数量高达1710万[1]。而这个数字还在不断增长。事实上，YoungMinds.org网站早在2013年就报道过，美国在20世纪80年代到21世纪，15～16岁青少年罹患抑郁症的数

---

[1] 见"参考资料"，后同。

量几近翻番[2]。如果您已为人父母就会明白，在家长眼里，这个数字是多么令人胆战心惊。

我花费了20多年的时间来观察那些因无法入选球队、没有赢得最具价值球员奖，或没能如愿进入梦寐以求的常春藤盟校而崩溃的孩子及其父母。我发现，令人痛心不已的是，这些孩子根本无法接受自己不完美的事实。而他们的家长亦是如此。

您或许已经注意到了，"虎妈""鹰爸"无处不在。在这些父母的操控下，孩子们根本没有属于自己的时间来做自己。我相信，谈到这里的时候，您心里可能已经列出了一份长长的家长名单。上面的每一个家长都极其擅长将孩子们的行程安排得满满当当。或许您也在无意识地这样做吧。

作为全国性专栏报道《这才是事实》(*It Is What It Is*)、《波士顿环球报》的地方最畅销图书《生活：就让它这样吧》的作者，我在过去的8年里一直试图提醒家长们，**生活永远是不断发展变化的过程**。在这个过程中，没有人是完美的，也注定不会有所谓"完美"的存在。儿童的发展也是如此。因此，我认为现代社会的家长最需要的是一声警钟来提醒自己放下不切实际的高期待，将孩子们的童年还给他们。如果这意味着我们在教养子女的过程中犯了错，那不妨就让我们错下去吧。

在我看来，现今的很多父母已经忘记了，父母能够传授给子女最重要的技能,就是犯错以及跌倒之后可以爬起来继续前进。毕竟在本就不完美的世界里偏执地追求完美的做法对成年人和儿童来说都过于不切实际了。

恐怕迄今为止市面上还没有一本教授家长如何在教养孩子的路上适当减负的著作。这也是我创作《给孩子恰到好处的爱 做不焦虑的父母》这本书的初衷。我希望本书能够提醒家长们把对孩子的期望降到合理的范围内。因为如果父母的期望值过高,孩子们的能力恐怕永远也无法企及。

在过去的近25年里,我与丈夫大卫携手相伴,经历了从怀孕到女儿上大学期间家庭教育的各个阶段。在这个过程中,面对家庭教育这个难题,我和我的孩子们都没有被击倒。而我从中得到的最宝贵的启示是:生活,尤其是家庭教育,从来不是我们想象中的坦荡通途;与之相反,它是一条崎岖颠簸、充满艰辛、遍布巨大深坑的山道,时常还会出现难以预料的曲折迂回。但这条道路的沿途尽是波澜壮阔的美景。家长们只需接受自身的不完美、接受孩子的不完美,就能享受这无限的风景。做到这一点并不困难,因为没有人生来就完美。为此,家长必须培养孩子正确面对失败的能力。通过培养这种能力,我们可以更好地帮助孩子开启未知的巨大潜能。

在书中,我将分享与您有过类似家庭经历的家长朋友们的故事,您或许会随着他们的故事放声大笑,或者潸然泪下。我也会分享我最骄傲的母性时刻、心碎的故事、一些感悟和取得的成绩，以便您更好地理解：家长能为孩子、为自己做的最好的事情就是从孩子的生活中退一小步，让孩子们学会自己把控自己的生活。有时候，家长对孩子最宝贵的赠予就是培养孩子自给自足的能力。这种能力的养成能够催开世间最奇妙的花朵。

当您真正接纳了这个观点，就会发现，生活变得更加美好了。

绪　论

如何才能培养完美的孩子？

这看似是一个沉重的话题，不过方法却出奇的简单。如果您认为没那么简单，很遗憾，我们还没有就此达成统一认识。

当今社会，全世界的父母都希望将自己的下一代培养成比同龄人更聪明、更健康、更成功、更受欢迎的孩子。为此，这些家长从小就给孩子灌输竞争的概念，并且绝不容许孩子犯错和失败。然而，正是这些家长的所作所为将孩子们送入了崩溃的境地。

身为两个女孩（一个上初中、一个上大学二年级）的母亲，在经历怀孕的六百多个不眠之夜后，我非常清楚，要成为孩子的父母所必须付出的代价。但这就是家庭教育的实质——教养子女注定是一种浴火淬炼的过程。在没有孩子的时候，每个清冷的周日清晨都是您与被窝温暖相伴的惬意时刻；有了孩子，一切都变了。清晨五点，当您尚在甜梦中，已经有个小小的身躯跳上床来，扒开您的眼皮，央求着您给他们做薄饼。从那一刻开始，您会整天处于"开机待命"状态，直到12到18个小时之后筋疲力尽地倒下。

但与此同时，教养子女的过程会颠覆我们过往的生活，带领我们开始一段从未体验过的美丽旅程。请设想一下，如果此时有一份地图在手，能保证我们不偏离航线（至少不会偏航太远），那么这段旅程一定会更加轻松愉悦。

这也就是我撰写《给孩子恰到好处的爱 做不焦虑的父母》这本书的初衷——在帮助家长们保持正确教育航向的同时，提前预告前方可能的危险，这样家长们就可以及时跳出"做完美家长"以及"培养完美孩子"的家庭教育误区。

这里，我需要提醒家长们的是：常见的地图都是从单一维度来解读真实世界的。它们无法提供实际操作过程中的本土知识。本土知识是只有当地人才知道的实用信息，能够告诉我们路面上哪里有颠簸以及如何避开它们。

在本书中，我希望自己能够成为家长们的导游，通过《给孩子恰到好处的爱 做不焦虑的父母》一书向大家提供教养子女所需的实用知识，帮助各位家长在教养子女的道路上遭遇歧途时保持头脑清醒。本书会涵盖社会心理学、认知发展以及与子女教养相关的所有儿童发展关键环节。我会将相关重点问题分为篇幅较短、容易理解的子章节进行独立论述。其中，我会在分析家长误区的同时，还原家庭教育的真相，并提醒家长关注培养心理健康孩子的关键原则。

也许有的家长会问我：本书为什么不从教养新生儿开始写起，而偏要将教养对象设定为5岁即将进入幼儿园时期的孩子？原因很简单。除去新生儿对睡眠的极度需求，刚出生的孩子完美无瑕。婴儿期是家庭教育最容易的时期。在这个阶段，宝宝除了进食、睡眠、排泄与啼哭，对家长再没有其他需求。而当孩子们逐步学会爬行、咿呀学语，或开始像大人一般坐在餐桌前就餐，他们的肢体运动能力、语言表达能力和独立性逐渐发展，这时候才开始形成独特的个性。在这个过程中，幼儿园是最为关键的性格与行为养成期。而这往往也是孩子们开始调皮捣蛋、频频惹家长生气的时期。

在您即将被身边环绕的教养压力所淹没、快要无法呼吸，或是即将把孩子拖入"完美主义"的深渊时，请把本书当作救生圈吧。请大家时时用本书中的内容提醒自己：即便孩子表现得再好，他们也是潜在的混乱制造者；作为家长，学会灵活应对生活带来的各项挑战是我们的必修课。

不论您是即将为人父母的新手父母，还是经验丰富的家长，本书都强调：家庭教育的最终目标不是培养完美的孩子，而是培养具备自我调适能力，能够勇敢、从容、乐观地应对生活带来的所有挑战的孩子。

现在，就让我们来为培养这样的孩子一起努力吧！

阅读指南

家长们在带孩子的时候往往匆忙得没有提裤子或者吹干头发的时间。因此，我的初衷是为忙碌的父母们撰写一本便于他们阅读和理解，能够让他们在日常繁杂的事务中集中精力学习的、操作性强的类似使用指南的育儿书。

因此，我将本书以独立章节的方式呈现，每个章节的篇幅都不长，以便家长们在等待孩子放学、在体育场看台上看孩子的足球比赛，或在短暂的茶歇时阅读。家长们也可以将本书塞在床头柜、汽车储物格或者卫生间里，在需要理性回归的时候阅读。

有时候，家长在教养子女的过程中最需要的往往只是一次醍醐灌顶：教养之道并非坦荡大道，而且，它注定不是。

误区 1

成绩至上

现实：幼儿园是孩子学习基本生存技能的场所。

"孩子们在幼儿园里可以学会他们需要知道的一切。"我敢保证，这句话您已经耳熟能详了。在开始阅读本部分内容之前，您也许认真思考过这个问题，也许压根儿没有在意过。但就我个人而言，这个观点千真万确！（至少在很多方面所言不虚。）

我的两个女儿个性完全不同。作为她们的母亲，在亲身体验过送她们上幼儿园，并陪伴她们完成之后所有的学业后，我可以非常负责任地向您保证：在我两个闺女哭着喊着接受的所有学校教育中，幼儿园教育是最为关键的。原因如下：

首先，您的儿子绝不可能在幼儿园毕业时就知道或理解"质能守恒定律"。（如果他真的明白，您可以考虑让他直接跳级到小学二年级或者三年级就读。）您会发现，现实情况往往是，大部分孩子在幼儿园毕业时能够明显比刚入园时更从容地应对生活。当我们近距离观察幼儿园的教育就会发现，之所以这样，是因为孩子们在入园头一年所学到的技能，是生活中最有必要、最基本的技能。

回想一下，孩子们幼儿园毕业、升入小学一年级前，需要掌握的技能是认识字母、拼写和造句、计数、辨别形状和种类、物品分类、认识时间、分辨四季等。此外，最重要的是学会与身边的人合作。孩子们要在约180天的时间里学完所有这些内容。在我看来，他们的学习力之强是令人震惊的。

即便有少部分孩子在入园伊始就已经掌握了部分上述技能，或者至少已经知道一些皮毛，但绝大多数的孩子还是需要花费入园第一年的10个多月时间来学习、训练，以便掌握上述技能。这些基本的生活技能会为他们的未来生活奠定基础。这些学习必不可缺。因为所有这些他们在教室里看到的、学到的，诸如礼仪、分享以及尊重他人等常识看似微不足道，却最终会影响他们未来的家庭生活观念与行为习惯。可以说，幼儿园教育在一定程度上减轻了家长的负担。因为除了父母，孩子们的观念与行为习惯在幼儿园里也在接受其他人的塑造和强化。

如果您不相信，可以询问那些直接接触孩子，尤其是在幼儿园教室里与孩子们打过交道的人。他们会告诉您，孩子们吸收信息的速度快得让人吃惊。这一点是我亲眼所见。

当我的孩子们上小学时，我已在幼儿园当过多年助教。平心而论，孩子们在仅仅一年的时间里所经历的转变是令人惊叹的。因为，很多孩子在9月份刚入园的时候还不能独立完成教师的指令，安静地围坐成一圈，也无法顺利地从绘画与手工艺制作转向音乐学习。但到了次年6月，他们中的绝大多数已经能够独立参加教学活动、与教师和同伴合作学习，并进行创造性思维。这就是我强调的"幼儿园是儿童发展最关键的阶段"的原因——因为在这段时间里，孩子们学习的是融入真实世界所必须具备的最基本的技能。

我现在讲述的观点，与20世纪80年代罗伯特·富尔格姆在其《纽约时报》畅销著作《我所需的所有知识来自于幼儿园》一书中提到的观点完全一致。

在深入思考这个问题时，我们必须承认富尔格姆的见地是富有前瞻性的。他指出："智慧的来源并不在于就读多么知名的高等学府，反倒更多地来源于主日学校（编者注：基督教教会为了向儿童灌输宗教思想，在星期天开办的儿童学校）里供儿童戏耍的沙堆。"他还提出，"人们需要掌握的知识往往存在于日常的生活中。"[3] 我个人对此深信不疑。

请您仔细阅读富尔格姆列举的儿童在幼儿园所学的部分技能，然后，将这些技能与您的日常生活进行匹配。您会发现，无论是在养育孩子的家庭生活中，还是在职场环境中，那些在幼儿园里学到的技能都已融入我们的生活，并且深刻地塑造着我们的生活。

- 分享所有。
- 公平地玩耍。
- 不要打别人。
- 自己收拾烂摊子。
- 不要拿不属于自己的东西。
- 如果伤害了他人，一定要道歉。

如果您还是对富尔格姆的理论抱有怀疑，那请看一看麻省理工学院媒体实验室工作人员的研究吧。他们的研究结果与富尔格姆的理论不谋而合。他们也曾提出：政府应该将各种形式的学校教育，甚至我们的生活，打造得像幼儿园一样。

2009年，在edutopia.org网站公布的一篇研究论文里，麻省理工学院的研究人员表达了他们对于幼儿园教育的立场:"幼儿园通过玩游戏的方式鼓励孩子及其同伴还原故事情景,共同搭建城堡,并进行艺术创作。在这个过程中,孩子们充分发展和锻炼了创造性思维能力与社会合作能力。而在21世纪,这两项能力是个人事业成功与实现自我价值所必需的关键能力。"[4]

坦白说,在这两方面,我认识的大部分成年人并没有比幼儿园的孩子们高明多少。因为他们中很多人恐怕已经忘记了,自己当下生活和开展人际交流的基础正是儿时习得的这些基本技能。

如果孩子在刚入幼儿园的时候表现得不那么尽如人意,家长们需要保持一颗平常心。因为这种状况不会持续太久。作为家长,此时千万不要盲目拿自己的孩子与其他孩子做比较,诸如阅读小组里阅读水平更高的孩子,或是您女儿那个在总统杯运动体能大赛中完成更多仰卧起坐的闺蜜,又或是您儿子班上那个美术作业总被挑选出来在学校大厅里进行展示的同学等。因为最终我们会发现,所有孩子都会找到适合自己的发展轨道与发展节奏。而这才是家长们所期待看到的结果。家长和孩子都需要认识到这一点。越早意识到这个问题,家长帮助孩子们适应和融入幼儿园教育的效果就会越理想。

在入园初期,孩子们仅仅是学习适应每天与父母分离、尝试着接受与家里不同的日常习惯、接触新的朋友和事物就已经备感压力了。所以，他们最不需要的就是父母将自己与同龄人做比较，更加不需要别人对他们尝试适应新环境的努力妄加评论。这样做会造成怎样的后果呢？会给孩子带来巨大的压力。此外，这种行为也会滋生紧张与焦虑等不良情绪。

当家长焦虑时，无论如何掩藏情绪，都会被孩子察觉。在绝大多数情况下，孩子们总是有种奇特的本领可以轻易洞悉家长，尤其在家长试图掩盖关于他们自己的情况时。这种很像是家中的宠物可以轻易察觉主人或恐惧、或忧伤的情绪，以及主人身体有恙的状况，并且能够及时做出肢体反应。在这方面，孩子们与宠物如出一辙（宠物脱毛、蜕皮的情况除外）。

而一旦我们开始将"别人家孩子"的优异表现作为对自己孩子的评价标准，就意味着我们不再欣赏自己孩子所具备的闪光特质了。此外，当我们开始将自己的孩子与其同伴进行比较和评判时，孩子们就会开始效仿其他孩子的行为。再没有什么行为能比这种长期的比较带给成长中的孩子更多伤害了。这种毫无意义的比较会让孩子们身心俱疲，还会给他们带来严重的不安全感。所以，请家长们引以为戒！

此外，家长们需要认识到，校园是社会的缩影。当我们走入社会就会知道，山外有山，人外有人。总是会有人比我们更加出色、更加强壮、更加聪明，或者跑得更快。孩子们亦是如此。因此，家长们越早接纳这个观点，越能够及时减少挫败感。降低"高期待"会将所有人从攀比的怪圈中解放出来。

当您接受了"孩子生而不同"的理念，真正认同孩子的发展遵循其独特的生理时钟，您就在家庭教育方面领先于其他家长了。反之，如果试图通过给孩子施加不切实际的压力，或设置过高的期待来"揠苗助长"，则会得不偿失。鼓励孩子认清自我、接纳真实的自己是家长信任孩子、支持孩子的表现。孩子一旦感受到父母的支持，就会发挥出无限的潜力。

鼓励与压力通常只有一步之遥，而父母的职责是明确自己的使命，不要使错了劲儿。因为当父母开始替代孩子决定他们该玩哪种游戏、该练哪种乐器、该学哪种语言，或应该与哪些孩子做朋友时，就已经在剥夺孩子自主决策的权利了。这种行为是错误的。家长们应该清楚，这种做法不是在鼓励孩子们做他们自己感兴趣的事，而是在劝说孩子们做对家长有益的事。这比不让孩子自己拿主意还要糟糕。

家长们一方面应当竭力避免将自己的孩子与其他孩子进行比较，同时也应当注意不要将自己与其他家长进行比较。请相信我，这样的情况时常发生。尤其当孩子们进入学校，我们不可避免地要面对其他形形色色的父母。如果可能，请尽量控制自己。因为不停地将自己与其他家长进行比较会让人发疯，甚至会让我们质疑自己所有的人生决定。

当然，我深知要做到不比较非常困难。因为一旦父母在学校开始与其他家长和孩子进行互动，就难免将自身条件，或自己的教育方式与其他家长进行横向比较。这是因为，家长们进入学校的场域里才知道，自己以外还有其他很多种教育方式存在，为此，不可避免地会对自己教育孩子的方式进行反思或质疑。然后家长们会发现，自己在不自觉地效仿其他家庭的教育模式，并期待像他们一样取得同样成功的教育效果。当然，其中有些方法会奏效，但也会有相当一部分的努力是徒劳无功的。

通过观察幼儿园的其他人并进行比较，家长们得以重新审视自己的教育方法是否得当：是过于严苛？还是过于松散？然而，这种行为容易导致将自身的教育决策完全依赖于对他人经验的复制。因此，家长需要注意抵制这种倾向。而且父母们需要知道，没有"包治百病"的"灵丹妙药"，每个孩子、每对父母和每个家庭都是截然不同的。

作为家长，当我们走上养育子女这条漫长而美妙的道路，需要学习的东西还有很多。而**这条路没有所谓的"完美模型"**。家长唯一能为孩子们做的，就是为他们在发现独特而美好自我的路途时喝彩，并为他们提供必要的支持。这意味着鼓励他们探索周遭世界，意味着尊重他们的兴趣和自由选择的意志，容许他们犯错和失败。那么，在这个过程中，家长是否可以给予孩子适当的引导呢？当然可以。但绝对不能够替代孩子做人生的抉择。

在孩子们不断成长、自我完善，并完成接下来12年多的校园生活之前，家长们还有很长的路要走。而我已经亲眼见证了我的女儿们在寻找自我的成长道路上磕磕绊绊、跌倒又爬起的过程，也经历了她们或喜极而泣、或悲伤落泪的人生片段。所以，我深知为人父母恪守教育原则、绝不越俎代庖的艰辛与不易。但家长们必须做到这一点。要知道，从小培养孩子把握自我、勇于承担后果的人格品质是我们能够给予子女最珍贵的人生礼物。

而这一教育始于幼儿园。所以，请不要错过每一个教育子女的机会。在看到孩子第一份考试成绩报告单不是全优时，先不要生气。去看看附加说明吧。家长们必须牢记，成绩单上的分数并不代表着孩子们的学习全貌。幼儿园的教育是由很多环节组成的，并不是所有教育都能够通过纸笔测试的方式来衡量。父母应当鼓励孩子勇于试错，从而发现最适合自己的发展模式与发展道路。我保证，他们终有一天会为此感谢您（但千万别让他们轻易试戴别人的帽子。要知道，幼儿园里有时跳蚤泛滥）。

误区 2

孩子离了父母不行

现实：学会放手不嫌早。

我并不是在建议各位读者父母为幼儿园或者小学一年级的孩子开立银行账户，或是在隔壁镇子里租赁一套复式公寓让孩子独自生活。那还为时尚早。在这一年龄阶段，绝大多数的孩子还只是刚刚学会如何系鞋带。让他们在现实生活中自己照顾自己简直是天方夜谭。他们人生第一次步入校园，就像小雏鸟，初尝展翅单飞的新奇滋味。

但是家长们必须意识到，孩子实现从蹒跚学步到大踏步前进的成长变化，其速度远比您想象的要快。如果我们在孩子本应学习独自站立的时候仍然搀扶着不放手，所培养出来的孩子将无法进行独立思考。恕我直言，在这样的教育中，父母是失败的，孩子也注定难以成功。

我们很难预测孩子何时能够独立行动。因为发展的独特性决定了他们跨越不同成长阶段的时间也不同。但如果我们能够给孩子们提供更多独立思考与行动的机会，将更加有助于培养他们独立的个性。长远来看，孩子越独立，就越自信，适应能力也就越强。

鼓励孩子（哪怕是幼童）承担责任，是父母培养孩子自信的有效途径。对于孩子来说，没有什么比依靠自己独立完成任务更棒的事了。但是，在开始执行任务之前，我们需要给孩子设置合理的心理预期，所布置的任务也应当从小事做起，如清洗自己的碗盘，或者将脏衣服扔进洗衣筐等，然后逐渐过渡到大一些的任务，诸如遛狗，或倒垃圾等。

这也是为什么幼儿园阶段是开始锻炼孩子小主人翁意识与能力的最佳时期。在这一年龄阶段，对孩子的刻意训练意味着鼓励他们做一些"琐事"，诸如自己做作业、清理写字台，或自己挂外套等。给孩子布置这些看似琐碎却很重要的任务，实际上是父母在向孩子们传达一个信息：宝贝，爸妈知道你能做到，我们知道你已经准备好克服困难了。请相信我，这些由孩子独立完成的微小之事能够推动他们独立自主能力的快速提升。就好比您如果每天早晨总是在学校走廊里围着女儿打转，阻挡孩子结交朋友，她的社交能力就无法提高；您总是挑剔儿子的穿着，他就永远学不会正确着装。同样的道理，如果您像某些家长一样，每周跑学校三次专程给孩子送落在家里的水壶、手套或者家庭作业，他就永远学不会自己整理书包。（别忘了，学校有自动饮水机！）要知道，忘了带不含 BPA（双酚 A）的水壶是渴不死人的。如果您的儿子在休息时着凉了，他下次自然就会记得戴上手套；您的女儿也断然不会因为忘带"春天的记号"作业而被幼儿园勒令退学。与此相反，这将为他们开始独立思考提供绝佳的契机。而这也是我们需要放手的时候。

如果孩子知道父母相信他们，他们就会更加相信自己。正是由于我们放松套在孩子身上的枷锁，给予他们足够的信心去把握机会，他们才能够开始独立思考和行动。这是基本的原则。您绝不会希望自己成为陪儿子接受第一份工作面试的"二十四孝老妈"。这正是家长应当积极利用幼儿园的过渡时期来塑造孩子独立性的重要原因。也正因为如此，幼儿园时期是家长引导孩子开始主动探索世界、尝试独立应对生活的绝佳时机。

请记住，引导孩子逐步完成成年人的任务能够有效塑造他们的自信心，也能为孩子应对未来成年生活所面临的，诸如建构良好的人际关系、安全驾驶机动车辆，以及积极规划职业生涯等复杂挑战奠定坚实的基础。父母对于子女所传达的信任的信号，能够帮助孩子们成为独立的学习者和思考者，也有助于提升他们独立完成任务的自豪感与成就感。这种积极的内驱力能够激发孩子们自主完成更多任务的渴望与信心。而这种良性发展的局面正是家长们所期待的。我们可以称之为多米诺效应。

这恰如其分地解释了为什么家长应当尽早地从一些看似不起眼的小事做起，锻炼孩子不过分依赖父母、善于合作的性格，以及独立自主的能力。此外，还有一点非常关键，那就是父母应当开始学着一点点放开对于孩子的控制。这个过程可能艰辛而痛苦，但请相信我，父母们必须这么做。

在教育系统20多年的职业生涯中，我曾亲眼看到一些父母因无法放松对孩子的管教而导致失败的案例。这些父母都是典型的直升机家长，他们对于子女的过分保护已经发展到了病态的地步。他们可以寸步不离地守在孩子身边，帮孩子背书包；他们可以替孩子完成鞋盒立体模型手工；他们总是抢着替孩子说话而让孩子无法抒发心声。这种行为的唯一结果，就是将孩子复制成如他们一般，永远无法学会放手让自己的孩子独立成长。这是因为孩子们总会有意无意地效仿我们的社会行为与情绪反应。举例来说，如果孩子在父母送他们上学时感受到父母心中的忧伤和分离的焦虑，他们很有可能会复制和重现这种忧伤和焦虑。如果孩子们看到家长偷偷躲在幼儿园大门旁的灌木丛后迟迟不愿离开，我敢打赌，他们不大闹一场绝不会轻易走进教室。原因一目了然：如果家长不愿意离开孩子，哪有孩子会愿意主动离开自己的父母呢？

自打孩子降生，父母就与孩子朝夕相处。在经历了5年的亲子时光后，恐怕天下没有哪个父母愿意主动退出孩子的世界。当我的大女儿第一天上幼儿园时，我和大卫也是极度恐慌的。看着她人生中第一次自己背着所有学具走入学校的大门，那种既甜蜜又苦涩的感觉让我们都哽咽着说不出话来。

我清楚地记得，当时的我竭尽全力不让眼泪流下来。我死死咬住嘴唇不让女儿发现自己在目送她离开时心中无限的悲哀。我当时感觉自己痛苦得快要死去。孩子一步步地离教室越来越近，我想要大声唤她回来的冲动也越来越无法抑制。在那个瞬间，孩子过往的成长片段就像镜头快进般不断从我眼前闪过。

为人父母，第一次目送孩子离开时恐怕都会这样不知所措吧。尤其是看着那张可爱的小脸，那穿着牛仔裤和红色上衣的小家伙儿正背着标有"我是大姑娘"字样的书包渐行渐远，那种心情复杂得无以言表。还记得曾经陪着她爬小山吗？（是的。）还记得曾经紧握她的小手吗？（是的，一人拉一边。）是不是在她走入教室门的一瞬间崩溃到号啕大哭？（是的，我也曾那样。）担心孩子的午餐太凉，担心她总是鞋带松了忘了系，担心她在学校待了6个小时会忘记我这个妈妈。那时的我真是患得患失。但当时我所不知的是，我所有的朋友在那种情境下的心理状态都与我一样。

然而，就在我与女儿吻别，看着她与班上的另一个小女孩结成伙伴的那一瞬间，我发现我的孩子就像新生儿一样，飞速地开始了适应新环境、开始学习。上一秒她还在跟跟跄跄地走路，下一秒就开始尝试着像特战队员那样匍匐前进，或者如同小大人一般自己穿上大衣拉上拉链，自己穿鞋系鞋带。

在取车的路上，大卫不停地尝试安慰我。而我的状态有点儿不受控制。我陷入慌乱的自言自语状态。我对自己说："好了，现在怎么办？我现在该做些什么？!我的女儿不再需要我了。你没看到操场上那么多小女孩跑过去找她玩吗？放学的时候她肯定记不起来我是谁了……"（我甚至呜呜地哭了起来。）（旁白：有时候，激素容易让妈妈们陷入疯狂的状态。）

您瞧，一方面，我们内心知道孩子们已经做好准备开始接受新的指令、适应学校生活；但另一方面，脑子里"该放手了"这个念头却仍然让我们恐惧。父母总觉得如果孩子不在身边就无法很好地保护他们。要知道，保护子女可是为人父母的第一要务啊！难道不是吗？诚然如此。但保护孩子绝不是父母唯一的职责。

对于父母来说,与保护孩子同等重要的使命,是培养孩子自我保护的能力,好让他们在离开我们的羽翼庇护之后也能够平安健康地成长。为此,父母们必须知道何时应该介入指导,也必须懂得适时退出。而孩子的这种能力只能通过不断尝试、不断犯错来习得,绝非一日之功。因此,家长和孩子都需要逐步开始学着适应周遭的新环境。

让我们直面现实吧!我们生活在一个疯狂而不可预知的世界。这个世界与我们儿时的截然不同。我们小的时候,人们即便在深夜也无须关门、锁车;小孩子可以在户外无忧无虑地从早玩到晚,家长们则根本不用操心他们在哪儿。从前的生活更为简单,人们无须担心社交媒体会危及孩子们的健康和安全。学校枪击案也不会频频发生。所以,作为两个孩子的母亲,我非常理解现代父母对于子女未来可能面临种种危险的巨大焦虑。因为放手可能意味着放弃一些来自父母的庇护,而对于家长来说,其代价可能是巨大的。但家长们需要明白,放手同样意味着激发孩子自我控制、自我管理,以及应对危险的意识和能力。这些能力的养成对于他们在现代社会的立足与发展至关重要。

对于大多数人来说,幼儿园时期是我们培养孩子独立性的关键时期。在这个时期,孩子们每天都将会有一段时间离开父母,逐渐学会如何照顾自己。这种技能必须通过周而复始的不断训练才能掌握。尽管家长们都希望自己能够终生护佑孩子们成长,并随时给予其关爱和帮助,但在某一特定时期后,孩子们终究会离巢而去。因此,父母必须学会逐渐让子女"自由生长"。

如果仔细想想,我们其实从将初降人世的小家伙儿带回家的那一刻起,就已经在教育他们自己照顾自己了。而且这种教育从未停止过。我们将会发声的玩具放到孩子够不着的地方,鼓励他们学习爬行;我们把成堆的早餐谷粒放在宝宝餐椅的托盘上,让孩子们自己抓食;我们不停地对小家伙儿讲话,丰富他们的词汇量,以便他们学会用准确的词语表达思想、与他人沟通……

不知道您是否还记得自己六七岁时候的事?如果您像我一样,就会知道那时候的自己是多么依赖父母。我们几乎做每件事情都离不开他们!那时候,父母既是我们的保姆,也是我们的玩伴和监护人。当然,他们更是我们的保护神。但您还记得自己开始独立后的事吗?第一次在没有"保姆"监护的情况下独自在家,或者一个人在家照看孩子时生平第一次用电磁炉做饭。这些都是您人生中极其重要的里程碑,标志着您独立生存能力的巨大提升。从某个角度来说,我们必须感谢父母对我们的信任。正是他们有意识或无意识的锻炼,才成就了我们未来的独立发展。

所以,我们送孩子进入幼儿园后应该做的,就是给予他们渴望已久的自由。尽管在学校里是由老师们来建立日常规范和行为标准，发布诸如挂外套、从书包里掏书、上完厕所拉上裤子拉链等任务，但孩子放学回家后，强化他们在学校学到的独立生活技能，绝对是父母的职责。家长明确这项职责非常重要。如果我们能够在家和在学校都以统一的行为标准要求孩子，孩子们就能更好地内化这些行为要求，并做出相应的预期反应（这里的关键词是"预期"）。预期这个概念的重要性，在于它能够帮助孩子们理解在学校、家里，或者身处社会中，应当如何正确地把握自己。

综上所述，孩子进入幼儿园绝不意味着家长即刻将孩子赶出家门，让他彻底独立。但在幼儿园阶段的家庭教育中，家长必须开始给予孩子更多的自由空间，鼓励孩子养成独立思考、自立自强的习惯。这才是我们培养健康、独立孩子的正确选择。

误区 3

送孩子入园时，孩子哭闹不可避免

现实：送孩子上学说"再见"时，不一定总是场噩梦。

在误区 2 中，我们谈到了在家庭教育中父母应当学会适当"放手"，以便帮助孩子学会独立，以及学校在孩子自立过程中起到的重要作用。但这也意味着父母和子女都要适应这种新的生活方式。在很多家庭中，这种生活方式所要求的亲子分离时间几乎与亲子共处时间一样长。适应这种分离对于家长和孩子都不是件容易的事。

我们常说，要给孩子适当的自由空间，要让孩子学会独立生活、独立思考，但往往总是说起来容易做起来难。事实上，这是可行的，而且十分必要。掌握应对分离的技巧是实现这一目标的关键环节。

这样一来，我们的问题就会转变为：您是准备拍拍女儿的小屁股，然后推她走向学校大门呢？还是准备在与女儿分离时延长痛苦的告别过程？

答案是：您主动离开！而且要迅速离开！如果可能，小跑着离开！因为父母不离开，孩子是不会走的。而如果他们不走，父母接下来要面对的分别场面将会是异常痛苦的。所以，家长可以尝试着设想一下那样的场景。孩子在父母面前声嘶力竭地哭着，乱踢乱打……相信我，那简直是一团糟。

由于常年在幼儿园与小学工作，我经常能看到父母在校门口送别孩子时"灾难式"的场景。有的是母亲痛哭不止，孩子尖叫不断；有的家长崩溃到摔门而去，而孩子扯着嗓门大发脾气。我也曾目睹有的孩子狂奔穿过操场，追着父母的汽车而去；有的孩子将自己锁在厕所的小隔间里；还有的孩子甚至离谱到把自己绑在父母的腿上。但凡您能想象到的类似场景，我可能基本都见识过了。

曾经有一个三年级的小女孩，她所在班级在我办公室走廊的尽头。这个孩子每天早晨上学时都不愿从父母的车上下来。从周一到周五，她总是紧紧攥着安全带或车门不撒手,想以此方式抗拒上学。而她的父母对此无计可施,任由她天天上演撒泼耍赖的闹剧。他们放纵女儿制定她想要的规矩,而不去纠正她的行为。结果就是,父母与孩子之间会爆发激烈的语言与肢体冲突,最终这场闹剧通常会以孩子体能不支,父亲架着她一瘸一拐走进教室才得以收场。也只有这样,孩子的父母才能够得以离开去单位工作。而最讽刺的是,这个女孩一进教室就什么毛病都没有了。这从一个反面展示了父母对孩子建立期待,并且要让孩子们明白要对自己的行为负责的重要性。

让我们换个方式来说。如果慢慢地将创可贴从身上取下来,我们往往会疼痛难忍,而且皮肤上会留下粘贴带来的红色印记。但如果迅速地将创可贴从皮肤上扯下来,往往只会疼一下,痛感很快就过去了。应对与子女分离,基本是同样的道理。告别的时间越久,分离时就会越痛苦,留下的心理伤害也会越大。而且这种伤害是双向的,对父母和孩子都是如此。

我了解这种伤痛。松开原本紧握着孩子的手,哪怕是短暂的时间,也会撕裂我们的心。有时候,我甚至分不清楚这样的放手到底对谁的伤害更大。是父母?还是孩子呢?咱们暂且视其等同吧,具体的留待后论。

也许您现在还不曾面临与孩子分离的问题。应该说,您是幸运的,因为分离焦虑通常在孩子 7~8 个月大时就会出现,而且会持续到孩子1岁半。当分离焦虑的情况出现,通常会给父母和孩子都带来巨大的影响。

避免分离焦虑困扰的想法是不现实的。因为已为人父母的人都清楚,家庭教育不是线性的,事情不会像心理助产法课程所预设的那样发生,因此也更无法提前做准备。尽管儿童成长里程碑式的行为通常在特定年龄发生,这也并不意味着我们就要给它们打上年龄的"标签"。您会很快知道(如果您尚没有相关领域的学习背景),很多事情会在任何年龄发生。**这也就是为什么我们在教养孩子的过程中,应当秉持随机应变的原则:因为我们的孩子,以及我们所处的环境,都是一直在不断变化的啊!**

尽管父母们都知道,自己一定会回来接孩子,但我们的孩子却不这么想。一旦他们陷入分离焦虑的状态,再多的辩解也无法扭转他们的想法。这是因为,处于这个生理阶段,孩子们的理解能力尚未得到充分发展,他们还无法很清楚地理解我们所要表达的内容。与父母分离时,他们的大脑已经被恐惧的情绪所占据,再也无法进行理智的逻辑思考。

当然,我无权责怪孩子们因分离焦虑而失控。仔细想想,父母是孩子自降生后最亲近的人:我们每天哺育他们,给他们爱的拥抱,为他们穿衣戴帽,给他们提供教育。而现在,我们却每天都要离开他们,留下他们单独面对一群几乎不认识的陌生人，更不知道我们何时会回来接他们。老实说，换作是我，我也会感到惴惴不安吧。所以，我们不难理解为什么孩子们在面临与父母分离，尤其是面对上学这件事情时，总是充满恐惧和抗拒。

一直以来，父母是孩子们最为信赖和依靠的"保护伞"。一旦要让已经习惯于这个角色的父母卸下这个职责，也不是件容易的事。这几乎是不可能完成的任务！但当您看看其他家庭，就会发现，很多父母成功地做到了这一点。否则，我们将会看到满城都是拖着父母到处跑的高中孩子。这里，我们的好消息是：分离焦虑通常是一种短暂的心理状态。换句话说，它是阶段性的。分离焦虑的时间长短取决于父母，关键在于父母如何控制自我。

我想，作为孩子的母亲或父亲，这是我们真正需要拿出为人父母气魄的时候。还记得我们儿时玩过的"看谁先眨眼"游戏吗？我们必须强迫自己睁着眼不闭上，用尽一切办法遏制自己想要眨眼的冲动，也许最后会泪流满面，会感到眼睛灼伤般疼痛，但仍然不愿放弃。要赢得比赛的信念支撑着我们。而当我们赢了，同时赢得的，还有尊重。

在送孩子上学的时候，应对一个悲伤、流泪的孩子，就是"看谁先眨眼"游戏的成人版，唯一不同的是，我们的对手变成了我们的孩子。而且，作为家长的我们绝不能第一个眨眼！懂我的意思吗？如果我们率先眨眼了，就会失去所有的威望。因为，在我们率先低头的那一瞬间，孩子们就会明白，他们可以打败我们。那么，游戏就直接结束了。

因此，现在要做的就是说服我们泪眼蒙眬的儿子，我们一定会在放学的时候过来接他。具体应该怎么做呢？很简单。每天都向孩子保证，我们一定会如所承诺的一样，准时出现在校门口等他们放学。这很简单吧。就这样，日复一日，我们坚持这样做，孩子们就会相信，我们在送他上学分别时的那句承诺"一定会回来接你"不是空话，我们一定会做到。我们称这种效应为"正强化"。相信我，这招非常管用。

这里，我也要提醒家长们注意一个问题：我们的孩子在很小的时候就已经懂得利用父母的关爱来实现自己的目的了。他们非常清楚自己应该在什么时候挤出几滴眼泪来博得父母的同情，进而得到自己想要的东西。而且，他们一有机会就会施展这个能力。这就是为什么您经常能在即将转身离开他们的那一瞬间，见到他们眼里涌出的泪花。但只要您在送孩子上学的时候做到坚强并信守承诺，您和孩子们都会很快适应的。

家庭教育的过程中总会遇到几条重要的"分岔路"。我们所选择的方向会决定接下来要走的路是坎坷还是平坦。这就好比当我们第一次将还是婴儿的孩子放在他们自己的房间独自睡觉时，刚转身离开孩子就开始放声啼哭。在这个时刻，您该如何抉择？是赶紧跑回去把孩子抱在怀里？还是忍住，让他们一点点地逐渐学会如何缓和情绪？这个时刻就是我刚才提到的"分岔路"。家长必须决定是往左走还是往右走。而家长此时的抉择将极大地影响未来的家庭教育模式。如果我们选择孩子一哭就跑回去安慰，无形中是在给孩子强化"自己一哭闹父母就会来抱"的认知。当然，我们也可以选择忍住立刻跑回去安抚孩子的冲动，坚持让孩子学会自我催眠。我们可以先等孩子哭五分钟再过去安慰；下一次，等十分钟再过去；之后，等二十分钟……以此类推。然后，我们会发现，突然有那么一天，我们的宝贝成了可以自己入睡的"天使宝宝"。这真是太棒了！

这是本杰明·斯伯克博士在20世纪40年代中期所倡导的哭喊式育儿法。斯伯克博士的理论非常简单——婴儿越早学会进行自我安慰对其自身发展越好，对父母也更好。他是对的。这个理论至今仍被实践所证实，而且应用于婴儿哄睡之外的其他很多领域。毕竟，您认为我们都是怎么学会游泳、走路和说话的？正如很多家长最初和最终所认同的教养方式一样——放手。理解我的观点了吗？

好的，让我们重新回到分离焦虑的话题上来。

让我们思考一下，是否有孩子能够不用与父母道别就自己欢快地跑进校园？答案是肯定的。不过，有这种分离焦虑感较低的孩子，就一定会有分离焦虑感较高的孩子。这很自然。正如有的人天生是游泳健将，有的人与生俱来拥有天籁之音，有的人怕黑，有的人性格奔放热情，有的则保守内敛。这都是基因使然。尽管如此，导致孩子们行为表现差异的原因除了生理因素，还有相当一部分与其父母及其家庭教养方式有关。如果父母喜欢高声呼喝，其子女有很大概率也会大喊大叫；如果父母经常打孩子，他们的孩子也会出现不同程度的暴力倾向；如果父母的言行经常惹人反感，孩子也有可能不招人待见。相关的例子不胜枚举。因此，如果我们在与孩子相处时尽量做到平和、理智，我们的孩子也很有可能在未来发展中显现出类似的性格与行为特征。

除了在与孩子相处时保持积极向上的态度，还有很多方法可以帮助处于分离焦虑的孩子放松情绪。而且这些方法对于家长和孩子都同样简单，并且非常有趣。

我的孩子们上学时，我很喜欢给她们写便笺。事实上，我现在仍然喜欢这么做。这个习惯是我从我母亲那里继承下来的。在我小的时候，母亲特别喜欢在我的午餐便当盒里留类似"我很想你"之类的甜蜜便笺。我很喜欢她这么做，因为这是一种当我在学校，我们处于母女分离状态时，保持我们情感联系的方式。小小的便笺时常提醒我，在我想母亲的同时，母亲也在记挂着我。时至今日，我还经常在一些特别的纪念日给我的女儿们留言，诸如她们要参加重要考试或是田径运动会时。尽管她们有时不愿意承认，但从内心里，她们是非常喜欢我这样做的。

像这样在便当盒里藏留言，或是给孩子们简短而甜蜜的道别，抑或在每周一的早晨假装自己特别多愁善感，这些方法都能够有效地帮助我们减少分离焦虑。经常采取类似的策略能够帮助孩子和父母们更好、更快地适应校园生活。

在这里，我还要提醒大家：**家庭教育是一个坚持不懈的过程**。其精髓在于言之有理，并贯彻执行（至少在大部分情况下如此）。那些家庭教育成功的家长大都懂得言出必行的道理，并且能够用后果、行为或承诺来加以贯彻执行。实际上，父母只需要帮助孩子认真分析问题并确保执行原则，只要反复几次，孩子们就会知道父母是动真格的了。孩子们只要明白这些就可以了。因为无论他们是有意识的还是无意识的（通常是无意识的），都会非常清楚该如何不越雷池一步。而父母们需要谨记的则是：教养的真谛不在于强制孩子，而在于如何巧妙地强化其正确行为。

误区 4

——

新朋友会取代父母在孩子心中的位置

现实：父母永远是孩子最好的朋友。

孩子们上学后，会开始结识许多新的朋友。这些朋友包括他们的同学、老师，甚至其他家长。对此，作为孩子的父母，我们的心中会渐渐产生一种不安全感，觉得孩子们的新朋友会取代自己在孩子心中的地位。这种现象非常普遍。请不要过度焦虑。因为不管有多少新朋友走入孩子的生活，父母都永远会排在孩子心中好友榜靠前的位置。当然，父母需要做好准备，因为这个好友名单铁定会越来越长。幸运的是，尽管如此，这种成长所带来的小烦恼并非一蹴而就，我们大可提前学习如何应对。

我们所面临的最大现实问题是：孩子们终究会长大。虽然我很不愿意"剧透"，但事实就是如此。不论我们多么想让时光停驻在孩子现在这般娇小可人的模样，事实都总是事与愿违。所以，父母所能采取的最明智的应对策略就是接受"变化是好的"这一理念。变化总是不请自来的，也总是如疾风骤雨般猛烈。因此，我们必须让自己坚信，孩子们人生发展变化的每一步都必将是更加美好的（我现在正在得意地大笑）。

不管别人怎么看，我认为孩子的教养形式应该不拘一格。没有现成的培训班、辅导书，或前辈的经验可以帮助我们应对当前生活的挑战。而一旦孩子离开我们的庇护走向现实世界，什么事情都可能发生。

现在，我们唯一可知的是，不管选择走哪条路，我们所面临的问题都是不断变化着的。我们刚刚适应了当前的的环境，下一个问题又接踵而至，打破了好不容易才达到的平衡。这就是现实中的家庭教育。当孩子们达到入学年龄，面临的最大挑战就是在入学后将进入一个充满陌生面孔的世界。为此，家长可以为孩子做的最好的准备就是退到孩子身侧，鼓励他们伸出双臂拥抱新的环境，多结识新的朋友。虽然我们知道这么做并不容易，但家长的职责就是帮助孩子迈出这样新的步伐。

此外，我们还需要学着接受这样的事实：我们已经不再是孩子们世界里的唯一了。尤其是当我们亲眼看到孩子们上学后，每天要与形形色色的人打交道时，这种感受会更加强烈。即便您没有将孩子送去幼儿园，而是在家里亲自教育，也是时候让他们通过家教小组、体育运动，或课外活动等方式接触新朋友了。在这个阶段，父母应该开始引导孩子认识：这个世界是远比他们做游戏的小院子、邻居家，或是所在小镇更大的存在。相信我，这会是个让孩子们备感恐惧的新发现。

进入全新的环境、接触全新的事物，通常会对孩子造成两种截然不同的影响。有些孩子会欣然接受这种变化，毅然松开紧抓着父母的手去探索新的世界；还有些孩子则会像比特犬那样牢牢攀抱住父母的大腿，希望可以回到原来熟悉的环境中。父母永远无法预知孩子们面对陌生环境的反应是怎样的。就像掷色子一样，只有色子落地的时候我们才会知道结果。

所幸，我的女儿们属于那种开开心心走进教室的孩子。对于这样的孩子，家长唯一需要做的就是转身离开，然后让孩子自己去摸索着适应新环境。通过这种方式，孩子们可以用自己喜欢的方式实现适应新环境的目标。

而对于我邻居的儿子来说，情况就截然不同了。他在教室门口死死抱着父母的腿，他们费了好大的劲儿才将他

误区 4　新朋友会取代父母在孩子心中的位置

拉开，然后鼓励他进入教室寻找新的朋友。当然，如果他拒绝，他的父母仍然会转身离开。因为，从这个时刻开始，孩子们必须开始学习依靠自己，并尝试与他人合作。身为家长，我们也需要进行积极的心理调适来适应这种转变。

尽管我们也大可暂时把哭闹的孩子接回家，然后尝试来年再入园。但我并不建议这么做。家长们必须忍痛切断孩子仍然系在自己身上的那根"脐带"。当然，我们不必一次切断，但可以通过逐渐弱化孩子对母体的依赖而让他们变得更加独立。

好消息是，比起小学中高年级，学龄早期是孩子们最容易交到朋友的阶段。在幼儿园和小学低年级，家长们不必担心孩子们在结交朋友时会遭遇"小圈子"的排斥。男孩子与女孩子交朋友就像男孩子交同性朋友一样轻松；同样地，女孩子找男孩子交朋友也不比找其他女孩子交朋友困难。未来的运动健将可能与未来的书呆子做朋友，未来的"假小子"也会和未来的潮流设计师一起打闹嬉戏。

这是因为性别与小集体对于这个阶段的孩子来说并没有什么实质意义。这一阶段，孩子的性别特征尚不明显。换句话说，幼儿园就像一个巨大的伊甸园。在这个阶段，我给父母的建议就是，尽情享受暴风雨来临前的宁静吧。因为，学校闹剧很快就会上演。您一定记得《绿野仙踪》里的龙卷风，对吧？

在幼儿园里,您女儿最大的社交纠纷不外乎被别人洒了牛奶。除此之外,朋友之间的冲突基本是无害的。"那是**我的**橡皮擦!""不!这是**我的**橡皮擦!""那是**我的**果汁盒!""不!这是**我的**果汁盒!"(所有方形盒装果汁的外包装都很相像。)老实说,这种冲突只停留在言语争执层面。

在这一阶段,父母给孩子提供建议是相对容易的。在谈到新朋友的时候,家长们只需要对孩子说:"你没有必要喜欢你见到的所有人。但无论如何,你都一定要对他人表现出基本的友善。"(您可以在表述时适当增加表示强调的语气助词。但那些情感色彩过于浓重的词语得等孩子上了中学以后再用。到那个时候,您就会需要通过加重语气来增强语言表达的震撼性了。)

当我们的孩子进入学校,开始与班里的同龄人,甚至老师、助教和专家建立社交联系,属于他们自己的游戏就开始了。父母从此不再是他们生活中的唯一。这个事实的确会让人心里感到有点儿难过。因此,父母看到孩子急不可耐地离开自己冲向学校而导致心酸难过是很正常的反应,没有必要为此而过分自责。对此,为人父母的我们都感同身受。如果您身边有个别父母说他们从来不曾为此感到难过,那纯粹是在说瞎话(或者也会感到内心空虚)。

无论怎样,父母与孩子们的这些变化都是积极的。过一段时间,焦虑、难过的感觉就会逐步淡化。你们的生活

误区 4 新朋友会取代父母在孩子心中的位置

都会进入一个全新的阶段。

孩子们尝试在幼儿园发展的新的人际关系，能够为他们将来在不同社会情境下与不同人群开展互动奠定良好的基础。因此，在幼儿园阶段培养孩子良好的人际交往能力，对于孩子未来的社交与情感发展都具有至关重要的意义。虽然我们所说的"未来"只是小学阶段而已，那也是比幼儿园更大的社交范围。

当我们仔细回想孩子从出生到三四岁的日子，他们所接触到的不外乎是父母及其他家族成员。当然，这里也很可能包括帮父母照顾孩子的保姆和日托机构的看护人员等。但这种较为单纯的社交环境是无法与一周五天的学校日常生活所涵盖的社交情境相提并论的。

因此，人们常说，孩子能够独立建构有意义的人际关系，标志着他们社交范围的实质性拓展。这个表述不无道理。但不管孩子们看起来有多成熟、多独立，这都绝不意味着他们的新朋友会取代父母在其心中的地位。千万不要忘记，谁才是您女儿的第一位正式"闺密"？那可是您啊！而且，从某种意义上来说，父母永远是孩子最亲密的伙伴。

在这里，父母们应该谨记的一点是：在人生的每一个阶段，我们都总在不断地结识新的朋友。这种状态会从小学延续到中学、大学，然后贯穿我们的整个职业生涯。对于我们中的大部分人而言，幼儿园是我们接触新朋友、发展人际关系的起点。我们从进入幼儿园开始，就需要正式地与家庭成员以外的陌生人打交道。也正是在这个时候，我们的孩子开始认识到，这个世界不仅有爸爸和妈妈的存在。这个认识会让他们感到震惊，也会给父母们带来些许或甜蜜、或酸楚的感受。

自此，孩子们成长的每个阶段都会有很多人基于不同原因走入，或离开他们的生活。有些人甚至会在他们的生命旅途中驻留很久。到现在，我已经数不清我女儿心中曾经有过多少个"好朋友"了。大多数情况下，我们期待着每段友谊都能相伴一生。但事实并不总是那么尽如人意。无论孩子在哪个年龄阶段，当这种情况发生时，父母都应该劝慰孩子：朋友总是会带给我们惊喜，但我们无法保证这个惊喜到底是喜还是忧，万事自有天定。

同时，父母还需要让孩子们知道，无论世事如何变换、人生如何无常，父母都是他们最初，也是最终的陪伴者；无论世界有多大，父母永远是他们最值得信任和依靠的人。

误区 5

我家孩子是恶魔！他永远也交不到朋友

现实：学会与他人友好相处很难，但是非常有必要。

实事求是地说，有的孩子很难与他人友好相处（事实上，很多成年人也是如此）。要学着适应充满陌生人的新环境，对于年幼的孩子来说，的确是一件非常困难的事。

当五六岁的幼儿第一次离开父母，置身于一大群陌生的同龄人之中，其内心的恐惧感我们可想而知。况且一个星期有五天都要去这样的地方，而且每次要待一整天！在这种认知情绪的影响下，父母期待孩子做到良好的自我控制无疑是不切实际的（尤其是父母还都不在身边）。

不难想象，这种新环境一定是混乱不堪的。因为每个孩子都是初来乍到，大家都因恐慌而不知所措，况且还没有人懂得学校里的规矩。对于部分孩子来说，入学的头几周简直就像恐怖秀：每天要离开家到一个与家庭环境完全不同的地方，要面对那么多新面孔，还要学习各式各样的新规矩。这会让年幼的孩子一时难以接受和适应。因此，有些孩子会出现反常的心理和行为也就不难理解了。

如果您的女儿一时无法很好地融入新的集体，或者有老师反映您的孩子存在社交障碍，又或是孩子放学回家倾诉说他讨厌班里的某些同学，我们首先要做到冷静以对。因为孩子的这种表现完全正常。

很多孩子在入园时会遇到无法适应新环境的问题。如果您的孩子也发生过类似坐立不安、无法控制情绪，或不愿与其他同学分享玩具的情况，我们绝不能因此给他们贴上"怪胎"的标签。作为家长，我们所要做的，是不厌其烦地帮助孩子区分正确行为与错误行为，并让他们懂得举止得当与举止失宜之间的差别。孩子们终有一天会明白孰对孰错。

我们每天都得送孩子上学。如果每天都因担心孩子惊扰同学和老师而提心吊胆，那一定会心力交瘁。这就好比有的家长总是惴惴不安，担心会收到老师请他们去学校"面谈"的通知。虽然我不能保证读完此书后您的孩子一定不会出现上述行为问题，但可以肯定的是，您的孩子因行为问题被公立学校开除的风险将会降至低点。非常、非常低。

我认为，父母不能因为孩子暂时脱离掌控而过分焦虑。家长们需要理解，孩子是班集体中的一员。学会与他人建立良好的人际关系是他们在幼儿园和小学低年级阶段主要的学习目标之一。（您肯定不认为学会社交也是学校重要的学习内容吧？）

现在，当孩子们进入学校，您的第一个念头肯定是希望他可以给别人留下良好的第一印象。的确，在这个阶段，每个家长都会在这方面费尽心思。然而，我必须提醒家长们保持理智。因为孩子们一定会搞砸。他们会说错话、做错事，或者在某些方面表现得非常糟糕，而且他们通常会在最不合时宜的场合捅娄子。尽管这可能只是我的假设，但对此无休止的焦虑的确会消耗家长们大量的时间和精力。婴儿最终会长成幼童，然后开始步入学校。父母不可能终日伴读直到他们完全适应学校生活。我们只需要第一天送他们到校，然后断然离开。大多数孩子很快就能明白自己该做什么、不该做什么。

换个角度来说。窗外枝头鸟巢里的雌鸟正在向它的宝宝们展示着数百万年来飞禽家族的生存之道（这也正是您要做的事）。它从小鸟降生起就不辞辛劳地开始了相关生存技能的教育。现在，雌鸟正双翼交叠，祈祷着小鸟们已经具备了足够的飞翔能力，不会在被推离巢穴后径直摔落在地。而在小鸟学会独立飞翔后，雌鸟会立刻开始锻炼它们像其他小鸟一样离巢独自生活。要知道，小鸟的第一次飞行可不是模拟演练啊！

上面的例子是我用鸟类教养后代的方式来打个比方。虽然鸟类与人类之间物种差异巨大，但鸟类在教养后代这方面所采取的方式与人类如出一辙。

虽然一窝嗷嗷待哺的小鸟无法与幼儿园教室里坐满的20个6岁孩童相提并论，但对于他们的教养原则却是相似的。孩子的父母也应该像雌鸟一样，希望通过呕心沥血的教养，将自己的后代培养成举止得当、心地善良、能与他人和谐相处，且遵纪守法的小公民。但现实告诉我们，没有孩子能像我们所期待的那般，做到百分之百遵守纪律。他们能在大多数情况下做到不乱来，我们就该相当知足了。

孩子们需要在上幼儿园小班时开始人生第一次独立思考和行动（关键词是"开始"）。他们**应当知道**从树上掉下来会有危险、骑车摔倒会疼、被选上玩躲避球游戏会感到惊喜和开心；他们**应该懂得**，为了不让别人拿到绿色蜡笔而去戳人家侧腰是错误的行为，午餐时不可能一直与自己最要好的朋友坐在一起，而当好朋友就站在自己身边时，绝对不能告诉其他人有关朋友的小秘密。当然，孩子们大多数情况下不能自觉规范行为，他们往往得通过犯错来习得,也就是我们常说的"不撞南墙不回头"。所以,当学校老师来电话、电子邮件,或派送通知告诉我们查理在学校表现不好时,千万不要惶恐不安。孩子们这种情况很普遍,一周发生两三次都很正常。但我们要相信他们一定能够改正错误。父母要做的,是在家里继续贯彻教师在学校的教导。一旦家庭教育与学校教育保持同频共振,教育效果就迟早会显现。

当然,在多年的学校教学管理工作中,我也曾亲身经历过学生无法融入课堂的极端案例。有些孩子对教师的告诫置若罔闻,打人、踢人、冲同学吐口水,甚至撕咬、抓挠他人,可以说无所不用其极。我听过个头不高的孩子口中说出令成年人都面红耳赤的污言秽语;我也曾目睹孩子从学校长廊这端跑到另一端,边跑边将走廊墙上所有的绘画作品撕扯得粉碎,嘴里还止不住地恶毒咒骂……这样的情景您或许也见识过不少。

家长们需要明白,上述情况纯属小概率事件。在这些极端案例中,孩子所表现出来的行为问题需要得到常态教学环境,或特殊教育环境中一对一的心理治疗与监护。但这并非学生的常态。我再次强调,**这并非常态**。此外,如果孩子的行为严重反常,学校管理人员一定会及时出面进行干预的。

相较于上述问题,诸如孩子晨会时在地毯上扭来扭去

误区 5　我家孩子是恶魔!他永远也交不到朋友

坐不住、管不住自己的手、在别人朗读时窃窃私语等大多数家长面临的子女管教问题都再寻常不过了。我甚至还见过幼儿园里的一个小男孩总是不停地挖鼻孔，走到哪里都留下鼻涕痕迹。虽然教室里的其他同学都觉得这种行为很恶心，但对于这个年龄阶段的男孩来说，类似的行为纯属正常，而且这种行为通常不会持续太久。果不其然，几周之内，伴随着其他人对他指责的减少，这个小男孩抠鼻子的次数也越来越少了。在这个过程中，教师所做的干预只是告诉他这种行为是不恰当的。如果他总是抠鼻子，手指和手腕上都沾满了鼻涕，就不会再有人愿意和他在一起玩了。之后，教师便不再过多地关注他。而实际上，所谓的"不关注"只是个幌子。教师通过观察发现，由于他再不能从别人的反应中得到乐趣，便渐渐不再热衷于此事了。

如果您总是在凌晨两点惊醒，在床上辗转反侧难以成眠，担心自己的女儿无法顺利适应学校集体活动而直冒冷汗，我建议您认真面对孩子已经入园的现实，并且提醒自己：学会适应幼儿园环境也是孩子们在这个成长阶段所必须掌握的重要知识。

让我们来重新认识一下幼儿园教育：学校教育过程呈曲线分布。虽然孩子们入校时的能力水平分布在该曲线的不同位置，但随着他们的发展，在毕业时，他们都会达到相同的能力水平，例如学会不打断别人发言；学会书写字母 i 和 t；知道即便自己特别渴望玩球，也不能不经允许随意将球从别人手中抢过来……

家长们需要牢记的是，即便是同一班级的孩子，也来自于不同的成长环境，他们接受的是不同的家庭教育，承载着不同的家庭期待。有的孩子是独生子女（就像我），有的孩子则是家中的长子/女、次子或幺女。他们有的有父无母，有的一父一母（就像我），还有的甚至有两个父亲。这些来自不同家庭背景的小家伙儿们汇聚到学校这个崭新的环境中，几乎没什么过渡期来适应彼此。因此，他们需要时间来分辨哪些行为是可以接受的，哪些则不行。他们也需要时间来理解为什么他们不能像跟自家兄弟在卧室里聊天那样与学校的其他同学讲话。

家长们还需要接受孩子们每天都在学校认识新朋友的事实，并且习惯于他们回家分享当天在课间活动时跟某某结成了好朋友，又或是跟某某杠成了死对头。在这个年龄阶段，孩子们的友谊就像一道旋转门。也许周一、周二您的儿子还和杰克是最好的朋友，而到了周三下午，他们两人突然就开始两看生厌。这种剧码会时常上演。父母们只要做好充分的心理准备，就能够从容应对。处于该年龄段的孩子还不知道友谊为何物，所以不能够合理地控制自己的情绪与行为。这就是为什么他们在与新朋友交恶时会发生激烈的冲突，而过了一段时间，在意识到自身的错误行为后，两人又很快能够重归旧好，并且重建后的友谊会比两人对于星球大战乐高玩具的兴趣还要坚固。

在这一年龄阶段，孩子们之间的竞争亦是如此。我们把幼童放在竞争性的环境中，他们都想在竞争中取胜。但在他们眼中，比赛和游戏只有输赢，不掺杂其他因素。他们现在还太小，不清楚比赛除了输赢本身还蕴含着很多其他意味。家长要求他们现在就了解运动员精神、团队合作意识、自信心等概念还为时过早。因此，家长在孩子课间休息、体育课，或组建校园少年足球队时，应格外重视营造合理的竞争氛围。

当父母们拿到孩子的第一份学业成绩报告，在阅读教师对于学生自控能力及与他人和谐相处表现的改进意见时，请不要因为孩子一时表现不佳就急着为他们申请寄宿学校。因为很多孩子会在入园初期面临类似的纠结和挣扎。

请放松下来，不要过分焦虑此阶段孩子的社交表现，尤其是他们与同龄人之间的关系。因为他们注定要犯错，会经常把自己（和父母）陷入尴尬的境地。这一点我可以向您保证。在遇到这样的情况时，父母们应该提醒自己，此时孩子们的年龄还小，期待他们像成年人那般行为得体是不切实际的幻想。他们的行为习得是一个过程，是向家长、教师，以及周遭环境学习的过程。这个学习的过程需要时间，有时甚至要花费人的一生（某些人成年之后都不一定能够做到行为得体)。

孩子们最终也会像自己的父母一样,学会与他人和谐相处。在这之前,父母只需要不断强化正确的行为,纠正错误的行为,长此以往,孩子们最终会养成良好的行为习惯。而那些推推搡搡、乱吐口水、撕扯头发、胡踢乱踹的行为自然就会停止。在此阶段,孩子们行为不受控制的状况很可能会持续相当长的时间。我现已成年的孩子和当时班里的"坏孩子"就是活生生的例子。但请家长们一定要坚持下去。因为教养子女的过程就像在游乐场里坐过山车一样,惊悚而令人难过的部分终会过去。这一点我向您保证。

误区 6

如果惩罚孩子，他会恨我

现实：家长需要设定行为界限，让孩子学会承担后果。

孩子生来喜欢打破规矩。这是他们的天性。我们自己小时候亦是如此。因此，父母的重要使命就是驯服这些顽劣的小野马。这个工作会耗费父母无尽的时间、精力和耐心。但我保证，这是行得通的。我已经实施过两次，并积累了很多成功的经验可以与大家分享。

每个孩子都会用各种方法试探父母的底线，拓展行为界限，挑战父母的耐性。因为说到底，孩子成长的很大一部分内容就是弄清楚什么行为会受到惩罚、什么行为则可以逃脱惩罚。如果不信，您只需要回忆一下自己的童年就会很容易发现，幼时的我们都在不同程度上有过类似的行为。

回想一下，您或您的兄弟姐妹曾经多少次惹母亲生气？多少次尽管知道晚回家会被狠狠批评，却还是晚上偷偷溜出去而被爸爸当场捉住？多少次即便知道愚蠢的决定会导致严重后果，却还是眼睁睁地看着朋友们从房顶上做跳台滑雪状跳下来？我想肯定多得数不过来吧。不管您是否相信，这种事对于孩子来说简直太正常了。

孩子们之所以会犯这样的错，是因为他们太不成熟了。尽管我自己儿时在遵守秩序方面可以算得上是个好孩子，但仍然会在父母下达严厉警告后做一些欠考虑、不负责任的事。例如，母亲刚刚告诫我"**千万不要把车骑上残障人士轮椅通道！从那个斜坡上骑车下来速度太快，你会刹不住车的！**"而我一转身就骑着我的塑料小滑板车从斜坡上冲了下去，将母亲的话当成了耳旁风。那时的我跟大部分小朋友一样，认为自己是不可战胜的勇士。在我尚未发育完善的小脑瓜里，从来不认为自己会失控地从车把上飞出去，脸朝下结结实实摔个狗啃泥（下巴先着地），然后被大夫缝了12针……

一年后，母亲叮嘱我，让我离邻居家那只四处闲逛且极不友善的狗远一些，免得被咬。而我天真地将母亲的话解读成：可以偷偷地溜到它身后，拽拽它的尾巴。结果当然是我的身上又添了几针。哦，我可怜的母亲，还有那只倒霉的狗。

还有一次，我的女儿莉比决定试试大力摔门是什么感觉。尽管我非常清楚大力摔门会发生什么，但我知道，由于我刚刚拒绝了她让我带她去逛商场的要求，她此举是想激怒我，试探我的底线。她砰的一声关上了门。之后，我对她下了最后通牒："如果你有胆量，就再摔一次门试试看。你一定会后悔的！"大家可以猜想后来发生了什么。不用说，为了证明我所言不虚，我用一把平头螺丝刀将她房间的门卸了下来，将这扇门在地下室足足放了三天。从此以后，我们家就再也没有人玩摔门的游戏了。

孩子们不会放过任何挑战父母权威、秩序和建议的机会。他们对此乐此不疲，有时候甚至会让父母产生一种错觉，仿佛他们永远也摆脱不了这种行为。然而，对于孩子而言，他们之所以会说蠢话、做蠢事、必须接受管教，是因为他们还不能充分理解原因与后果之间的关系。这也是他们总是不断重复犯同一个错误而不知悔改的原因。这种行为往往气得父母恨不得把自己的脑袋往墙上撞。如果您遇到同样的情况，请先不要着急。首先，所有家长都有过类似的经历。其次，孩子们最终会停止这种行为。虽然儿童的大脑发育需要一段相当长的时间，但其最终会形成必要的脑回路，使得他们的推理与思考水平逐渐发展，更接近于理智的"半大人"。

在本书中，我不想过多涉及专业理论，但有时候，理论的确可以更清楚地解释问题。而只有理解了孩子们行为背后的原因，才能帮助我们更好地应对他们的行为问题（对于部分家长来说，是应对这些孩子）。这就好比我们只有在对引擎的构造有所了解的情况下才能够在汽车抛锚时及时进行检修，对待孩子亦是如此。

当孩子们年幼时，他们几乎每四分钟就会犯同样的错误。造成这种状况的原因与孩子们的认知方式有关。在脑神经科学理论中，我们称之为神经元突触效应。简单来说，神经元的突触是两个神经细胞之间的联结，神经递质的脉冲传递就是通过突触来进行扩散的（我知道这里已经提到很多的理论知识，但是请不要因此而中断，请继续读下去）。粗浅地说，在我们的脑部，突触通过发出神经冲动在神经细胞之间传导生物信号。它们是非常神奇的物质。接下来的内容大部分的家长就都清楚了：您的孩子会不断地在同一件事情上犯错，直到他们小脑瓜里的神经传导顺利地建立起来。之后，他们类似的行为才会终止。[5]

有研究证实，神经传导越频繁，神经元之间的联结就越紧密。换言之，孩子们必须经过不断试错才能习得某些规范，从而不再犯错。而这意味着，他们的第一次、第二次，甚至第三次尝试通常都会以失败而告终。

这个过程与人类肌肉组织的发展非常相似。发达的肌肉不可能在短时间内练就。那往往是一个循序渐进的过程。我们需要通过不断的举重练习和休息恢复，才能让肌肉纤维撕裂后重新生长。通过这样的循环往复，我们才能变得强健起来。孩子们行为的养成也是同样的道理。孩子做了错事，父母会训诫他们，或帮助他们分析行为的后果。然后孩子们会逐渐明白，如果自己以后再这么干后果会是什么。与肌肉训练不同，父母教养孩子的过程是一个塑造性格品行的过程。理解我的意思了吗？

所幸的是，孩子们年幼时候参与的活动基本上不会造成严重的后果。就像我丈夫大卫所说的，那都是些小打小闹。可能比较烦人，但还不至于酿成大祸。

处于发展早期阶段的孩子生活经验较少，还意识不到自己言行举止的不当之处。而这些不恰当的行为总会在成长过程中被其他人批评指正。而那个时候则是我们家长介入干预的最佳时机。

处于这个年龄段的孩子，认知能力还未得到充分发展，还不能对行为做出预判。他们惹父母发火或做错事，往往是由于无法对自己的行为进行深思熟虑。此时，父母应当谨言慎行，为孩子做好表率，同时及时向孩子指出行为的后果。对待年纪小的孩子，父母可以从生活琐事抓起；对待大一点儿的孩子，则可以选择更广泛的主题开展教育。尽管对于父母来说，**教育孩子并不仅仅意味着让孩子们认清行为后果，我们更为看重的是树立孩子的"规矩意识"**。但对于孩子实行有效管教的关键，在于建立并维持统一的行为标准。

管教孩子从来就不是一件容易的事。天下没有哪个父母愿意惩戒孩子。我向上帝发誓，惩戒孩子也不是我的本意。但对于父母与孩子长期的健康发展而言，采取适当的惩罚措施是必要的。因为明确并建立清晰的界限概念能够帮助孩子区分黑白对错。这并不难。为孩子设定行为界限是父母的重要职责。

让我们换个角度思考。假设您刚从宠物收容所带回家一条狗。如果您家后院没有安装栅栏，那么将这条狗在后院放养的后果会怎样？是的，您很可能再也见不到这条狗了。因为您不可能期待一条狗自行设定活动范围。狗狗做不到。同样，我们的孩子也做不到。

回顾我们自身的成长经历，父母在教养我们的过程中，最艰辛的任务是教会我们生活常识，培养我们良好的道德品质。但并不是所有家长天生就具备相关的知识储备与道德品质，他们也是在养育孩子的过程中逐渐培养自身这两方面的能力的。

可见，事实就是这样：**人是特定家庭环境与家庭教育

的产物。至少从某些方面来看如此。因此，这就意味着，我们的下一代会成为什么样的人直接取决于我们当前的教养方式。

现在，我知道这个观点已经非常显而易见了，您可能会疑惑为什么我还要再次提及它。因为恰好有很多父母习惯于给孩子下"最后通牒"，并威胁孩子如果不在最后时刻改正错误必将导致严重后果。

家长们会赤裸裸地威胁孩子，如果不遵守规矩，就不许他们再看电视，或者将没收他们的手机和电子玩具。之后，孩子们一旦照做，就表示他们屈服了。但在管教孩子方面，我相信没有父母愿意扮演"坏人"的角色。这一点我十分理解。"坏人"和"好人"这两种角色我自己都曾经扮演过，我清楚，要拿捏好这两种角色的微妙尺度非常不易。因为您在扮演过几次"坏人"的角色后，在孩子眼里，您是坏人的可能性就会增大。但如果您总是扮演"好人"的角色，孩子总有一天会打败您。事情总是这样。他们会利用您的多愁善感和怜悯之心来对付您。这招往往战无不胜。

在学校里，这种剧情每天都在发生。我看到孩子们习惯性地忘记带书包、作业、课本，而家长们总是来学校为他们求情，保证孩子们以后绝不会再犯类似的错误。但几个星期之后，这批家长通常会涌到学校，愤怒而失望地向老师抱怨孩子们总是丢三落四，却从来不明白应该告诫孩子忘带东西可能导致的后果。这种情况真是让我无奈。

有一位母亲，会仔细测算自己来校访问的时间，使得她恰好能在儿子下课去音乐教室、体育馆，或课间休息的时候与孩子见面。这位母亲对孩子的学校日程了如指掌，其时间测算甚至可以精确到她步入学校大厅的时候正好碰见儿子从走廊里过来。这简直不可思议，仿佛她在孩子身上安装了全球定位系统，可以告诉她孩子的精确位置。尽管她时常向老师抱怨孩子忘性太大，却还是会不辞辛苦地将孩子落在家里的套头衫、实验眼罩或午餐盒送来学校。长此以往，由于孩子知道母亲一定会为自己丢三落四的行为托底，自然也就不会形成相应的自主意识或责任感了。这是一个典型的关于儿童赋权的案例。

当然，在孩子处于幼儿园，或小学一、二年级时，还尚不能完全适应学校的日常生活，也记不住所有的生活细节，因此，我们对他们的要求不能过于严苛，可以等到他们升至三、四年级出现行为问题时再进行干预。但即便是年幼的孩子，也需要知道规则的存在。如果他们行为不端或者不能遵守纪律，我们就需要及时提醒他们，应该为自己的行为承担相应的后果。不论在家，还是在学校，家长们都需要明确这一点。

此外，尽管"后果"一词通常具有负面意味，但它不总是意味着坏事。任何事物都具有两面性，其呈现的结果完全取决于您所采取的措施。这就是为什么父母的重要使命不是去阻止不良行为的发生（这种努力注定要失败），而应该是强化积极的行为。

这就回答了我们为什么不应该对孩子的不良行为予以惩罚。因为惩罚所带来的后果是消极的，尤其是在人们将惩罚视作因果报应，或者是一种"以其人之道还治其人之身"的方法。如果我们这样做，将无法培养出成功的孩子。因此，父母们应当从审视行为影响或者行为结果的角度来看待后果。深刻理解这两种"惩罚观"之间的差异极其重要性。

从有效管教的角度出发，家长对待孩子的不良行为只需要做对一件事（也许是两件事）。我们必须在孩子逾矩前告诉他们可能导致的后果。此外，还要想方设法地设定并维持行为界限！这意味着，我们需要用到尤尔·伯连纳在《十诫》中所说："有约必践。"即说出来的话一定要贯彻实行。事实上，这是家长在对子女进行管教时最重要的原则。如果家长不能坚持原则，"敌人"（我们的孩子）就会突破我们的防御。而如果防御溃败，我们就失去了整场战役。

我的小女儿8岁时，我曾与她有过这么一场"战争"。我们打算开车去纽约的美国女孩商店。此次纽约之行对女儿来说是一次圆梦之旅，她为此已经等待了很久。于是，女儿带上了所有她喜欢的美国女孩玩偶，给它们穿上漂亮的衣裙，搭配了所有可能的配饰。对她而言，这次旅行就好比去迪士尼乐园一般令人期待。不用说,故事并不像预期的那样完美。在我们行至时代广场时,她的情绪失控了。老实说,我已经想不起来她生气的原因了,但我清楚地记得她大发脾气。情况非常糟糕,以至于大卫和我不得不搬出我们的"法宝",向她做最后的警告:"如果你再不冷静下来,我们就不去美国女孩商店了。"

我只能说,那场旅行的结局并不尽如人意。我的女儿始终无法控制自己的情绪,而我们也别无选择。由于她不断挑战我们的底线,我们也不得不强硬起来,取消了去美国女孩商店的计划。虽然过程有些粗暴,但为了养成孩子的行为习惯,我们必须这样做。那次旅行成了我们终生难忘的记忆。我们也从中收获了很多家庭教育经验。事实证明,我们采取的方法非常奏效。因为我们决绝地驶离美国女孩商店的场景,给孩子留下的记忆是深刻的。莉比在那一刻号啕大哭,彻底崩溃(我也是。我那天晚上是在酒店里哭着入睡的)。虽然坚持原则的过程是痛苦的,但最终,它向孩子成功传递了"我们绝不容忍错误行为。你必须为自己的行为承担后果"的信息。孩子也清楚地接收到了这个信息。所以,下一次当她再试图惹我们生气的时候,我们会提醒她那天纽约之行的情形。那个场景会赫然重现在她脑海中,狠狠地冲击她的神经,然后彻底打消她乱发脾气的冲动。

现在,您需要的是深吸几口气,一点点冷静下来,然后明确地告诉孩子，一旦采取这种行为，就需要承担相应的后果。因为在这场博弈中，您必须赢得胜利。

误区 7

我的孩子永远也走不出"双重人格"的阶段

现实：不论孩子们小时候如何，他们最终都会成长为举止得体的成年人。

也许您曾经听说过"孩子具有双重人格"的说法。这是真的。很多孩子，尤其是处于幼年阶段的孩子，其性格存在多面性。

他们经常在多重人格之间切换，其自如程度就像游泳运动员在划水时肢体配合的那般行云流水，经常让家长难以应对。

性格再温顺的孩子都会有情绪失控的时候。这是因为当孩子们逐渐长大，他们必须开始与青春期做斗争，并且开始学着应对各式各样的复杂人际关系。正因如此，他们小小的身体里才会发展出不同的性格特征。

他们时而甜蜜可人，时而狂暴凶狠，时而疯疯癫癫，时而温柔善良。多种性格特征都可以在一个幼小的身体里呈现出来。这种多人格综合的状态会持续很长一段时间：有时会贯穿整个幼儿园和小学阶段，到中学时达到巅峰；有时则从小学开始，一直持续到高中结束。这种情况因人而异。但家长们必须知道，也许有的孩子表面上不曾表现出多重人格的特征，实际上他们不可避免地会陷入这样的困境。只是每个孩子面临的情况不同而已。

我给此阶段孩子父母的建议是：给自己找个舒服的位置，像坐飞机时一样系好安全带，然后抓紧扶手。因为从此刻开始，您的生活将面临无数的跌宕起伏。当然，我保证，一切都必将回归正常。因为这就是我的女儿们进入小学阶段后我生活的真实状态。

我承认，我的两个女儿年龄相差三岁，现在，我们夫妇基本不会面临两个孩子同时处于极端情绪状态的时刻，因为在她们其中一人失控的时候，另一个总会处于相对稳定的状态。可是，我们面临的问题是：她们总在一个回归理智的时候另一个情绪反转，开始歇斯底里。这些都是典型的儿童心理表现。

每当我们感觉似乎掌握了些许她们的心理状况时，情况就呼地一下完全改变了，我们会随即跌入一个巨大的深坑里。当我们千辛万苦地从坑里爬出来，一切又开始重演。而且，这个过程总是周而复始地循环。

我的小女儿莉比就是一个很好的例子。她从前是个性格十分温顺的孩子，从来没有出现过极端的行为表现；之后却逐渐变成青春期少女，上一秒还是开开心心的模样，下一秒就大发雷霆、不可理喻。她从一贯淡定冷静，变得狂躁易怒、对他人恶言相向，还经常惹人发火。让她清理房间简直比登天还难。

她的发展变化经历了相当长的时间。那个时期的她各种情绪交织混杂，像网一样将她紧紧裹住。在这个阶段，家长几乎帮不上什么忙，因为大卫和我无论如何劝慰，都无法减轻复杂而强烈的情绪冲突给她带来的心理冲击。

老实说，对于这个阶段的孩子，时间是治愈伤口的唯一良药。这是我在亲身经历整个过程之后的感悟。此时，父母明确指出孩子的错误并不是个好主意，因为孩子不会为此意识到自己行为的荒谬与可笑。相反地，他们只有经历自我意识的觉醒，才能真正意识到错误并改正错误。而这，往往需要时间。

令人讽刺的是，我的女儿莉比用了将近10年的时间才恢复到从前那种平易近人的状态。她的性格发展在经历了复杂多样的变化后，最终回归到初始的基础人格。因为那是她的本我所在。这是每个孩子在成长、成熟过程中的必经之路（关键词是"成熟"）。

我在幼儿园和小学工作时，经常见到这样的场景：有些小女孩在课间百分之九十的时间里是甜美可人的天使，却会因为粉笔突然折断而骤然暴怒。不管是因为拒绝分享跳绳，还是玩攀爬架时被别人抓了头发，诸如此类突然的极端情绪爆发，在幼儿阶段是非常普遍的现象。

男孩会因为球队不给他们出场踢球的机会而在操场的角落里啜泣，女孩会因为不能参加四方块游戏而郁郁寡欢、伤心落泪。这种场景在校园里比比皆是。虽然有些可笑、有些烦人，但都属于孩子们的正常表现。家长们必须谨记于心。

在孩子成长为心智成熟的成年人之前，他们会学习不同的行为方式与性格特征，直到发现自己最欣赏的那一个。对于他们来说，世界就如同身边商场的陈列窗，而成长，就像逛商店一样。孩子们所做的，就是安静地观察身边的世界。大多数时候，他们的这种观察和学习纯属无意识行为。

孩子们在多种性格特征之间穿梭的旅程也可能是令人担忧的。因为他们所吸收并试图内化的性格特征常常与其自身原有的性格大相径庭。这就好比硬要将圆钉塞进方孔里，会导致他们最终的所言所行是我们不曾见识，也毫不熟悉的。这是因为，在此阶段，孩子们尚不具备对于行为的自主控制能力。

再举一个例子。我的大女儿雷莉跟她的好朋友艾利克斯认为，将双方家长锁在艾利克斯家门外特别有趣。这是多么不可理喻的笨主意啊！而且一点儿创意都没有。这肯定不是家长们所期待他们做的事。

而雷莉与艾利克斯欣然定下了聚会活动的时间。那天，他们玩得特别尽兴，甚至迟迟不愿分别（典型的亲子聚会场面）。但天色已晚，双方家长决定各自带孩子去吃晚饭，所以给孩子下了"玩最后五分钟"的最后通牒，然后大人们聚在艾利克斯家门廊处聊天等候。然而，让我们措手不及的是，孩子们从楼梯上溜下来，在我们不知情的情况下偷偷锁上了门。可想而知，我们在发觉自己被孩子关在门外，并尝试开门时脸上的表情是多么震惊。而此时的孩子们已经一溜烟儿跑上楼，藏在阁楼深处的游戏房里，压根儿听不到门外双方父母正咆哮着命令他们即刻开门。这种行为完全不是孩子们平日里的行径。但孩子们在小的时候就是会这么做。他们四处惹事，挑战父母的底线，完全凭冲动行事。

最终，孩子们走下楼来，在我们的劝说下开了门。两个孩子在看到父母进门后凝重的脸色时，都意识到自己有些玩过火了。当时，家长们惊恐和愤怒的情绪已经让两个

误区 7　我的孩子永远也走不出"双重人格"的阶段

孩子胆战心惊，这种惩罚对于他们已经足够了。当家长将孩子从潜在的危险环境中解救出来，首先要做的是对孩子进行安抚，确定孩子安然无恙且没有做出纵火等对周围环境造成实质性破坏的行为，而不是一味地责难孩子的愚蠢行为本身。毕竟孩子和房子都毫发无伤，也就算不得什么大过失了。

现在，我不想让您对此过于焦虑，因为孩子的上述行为都是正常现象。我重申：上述现象都是完全正常的。孩子们天性如此。他们会观察身边的人和事物，自觉或不自觉地复制并重现他们所欣赏的性格与行为。在这个阶段，家长试图纠正他们行为的努力纯属徒劳，试图分析孩子的内心世界也是枉然，因为此刻，连他们自己都看不清真实的自我。因此，在这个阶段，家长鼓励孩子勇于尝试不同身份的角色具有重要意义。在这个人生发展阶段，孩子的兴趣从足球转向曲棍球、陶艺，或者吉他都是无可非议的。只要他们能够兑现在加入兴趣班或兴趣活动社团时的承诺，他们就有权利决定是否加入。他们只有通过不断体验，才能发掘出自己的真正兴趣所在。

让我换个说法：孩子就好比变色龙，会不断地变化行为来适应周围的环境（如果您还不曾有过类似经历，相信您很快会体验到）。只有当他们长大了，进入高中或者大学，才开始慢慢趋于稳定，形成更为成熟的性格，拥有诸如耐心、谦逊、感恩、尊重等重要的优秀品质（这只是我最欣赏的几种性格品质）。

您可能已经见识过（或者即将见到），当您的女儿从聚会回来，她的行为举止就像变了一个人。原来的她或许蛮横，或许娇气，又或许稚气未脱。但突然间，当与您一起坐在餐桌旁的她朝您粗声粗气地嚷嚷，让您给她多倒点儿牛奶，您可能会一时反应不过来。等等，这是我的女儿吗？

因为这时候的孩子还小，他们极易受到周遭人群的影响，无从得知哪种性格更适合自己。这种感觉就好比让孩子们在品类繁多的糖果店里买糖。糖果种类太多了，孩子们完全不知道该从何下手。（至少在孩子们小的时候情况会是如此。因为我的孩子们当年就是这种状态。她们从听话的小不点儿逐渐长大成为不关上收音机绝不下车去学校的偏执小怪物。真是让我头疼。）

尽管每个孩子天生具备其独特的自然属性，他们还是会不断复制他人的性格与行为，以此分析比对哪种性格更适合自己。这个过程有时候是受意识支配的，有时候则是无意识的。不幸的是，孩子们选择模仿的性格和行为也有好坏之分。但不论他们所选择模仿的行为性质如何，作为家长，我们都需要接受这种尝试所带来的后果。我们必须忍受孩子在其不间断的人格转换过程中所爆发的狂躁与歇斯底里。

实话实说，这个过程对于家长来说痛苦不堪。因为如果您的孩子与我家孩子一样，需要同时应对学校生活与家庭生活，那么他们对待家人和对待其他人的方式也需要有所区别。这种身份的不断转换同样也会让他们心力交瘁。哪位家长敢说自己的孩子从来没有当面对自己说过大不敬的话？我想答案是显而易见的。但孩子们之所以会那么做，是因为他们不知道如何应对存在于身体里的不同人格。

我们应该明白，除去基因等遗传因素的影响，新生儿单纯得就像一只空碗，等待着人们放入食材。而他们自降生后，与周遭环境的每一次互动、听到的每一个词语，就好比制作甜甜圈的面团。最终，面团会被做成甜美而令人无法抗拒的美食。

我的大女儿雷莉现在已经是个大学生了。她小的时候可是个性格谨慎而保守的女孩子——总是规规矩矩地待在体育运动、学校这样的"舒适区"里，从不勉强自己做超越极限的事。她总是按照自己的节奏做事，从不轻易受到身边其他孩子的影响。

然而，当她进入高中，伴随社交网络的拓展和生活体验的丰富，一切都开始变化了。她从一个谨慎而保守的小女孩成长为一名勇敢、自信、热情的优秀女性。她会全身心地体验生活带给她的一切，会在周围人的影响和激励下，尝试着挑战自己的极限（这些都是她身上发生的真实变化）。

但是这些奇妙变化的发生需要时间。

而这也正是家庭教育的奇妙之处——家长们永远无法预知，孩子们在经历了当前的发展阶段后会成长为何种模样。他们会产生奇妙的变化。我们无法想象他们展翅高飞、独立生活的日子，但那一天终究会到来。而孩子们会在各自发展的道路上汲取很多优秀的人格品质。

每个人出生时就具备独特的性格品质，这是遗传基因使然。有的孩子天性幽默；有的孩子具备同情心，能够设身处地为他人着想；有的具有超凡的自信心。而有的孩子则天生不具备上述性格品质。

当然，作为家长，我们在孩子成长初期就已经能够大致判断出他们所具备的基本性格特点——是性格坚毅、天生容易紧张，还是好胜心强。这些性格特征通常在孩子的游戏过程中就可初见端倪。除此之外，孩子们从周遭人群中汲取的各种意志品质也会与自身的性格特点相融合，进而对他们健全人格的塑造起到主要的影响作用。家长们则需要意识到，自己是对孩子一生起主要影响作用的人。我们不仅通过自身的谆谆教导，更要用行动来影响孩子。

举例来说，如果父母是 A 型血人格，容易紧张和神经质，那他们的子女很有可能也具有类似的性格特点。这种遗传的影响是不可避免的。如果父母喜欢大喊大叫，或习惯暴力管教子女，那么他们的孩子也喜欢高声叫嚷或有暴力倾向也就不足为奇了。

　　这里我想说的是，尽管我们的孩子是基因的产物，但他们出生时就如同一块空白的画布，上面只有浅浅的底色。而每个孩子在其发展的过程中受到外部影响的过程是相似的，就如同给画布涂上色彩。不同之处只在于，有的外部影响是永久的，而有的则是暂时的。

　　家长的职责是为孩子这块画布提供颜料和绘画场所，当然，还必须在他们犯错时，帮他们用松节油清除创作时留下的大片污渍。

误区 8

孩子闹剧到了初中、高中才会发生

现实：有孩子的地方就有闹剧，这是无可奈何的事。

这个纷繁复杂的世界就已经够让家长们头疼不已了。而孩子闹剧更是有过之而无不及的存在（一提到闹剧，就像提到跳蚤这个词一样让人心惊肉跳）。

因为闹剧无须热身，没有预兆，没有节奏可以把握，也无须任何理由，它可以随时随地上演。闹剧会抽干家长和孩子们的精力，让人精疲力竭，更不用说要解决闹剧是多么棘手的问题了。对于家长来说，应对闹剧需要保持冷静和清晰的判断，才能够采取正确的应对方式。

脾气再好、再理智的孩子也会无理取闹。事实就是如此。对于无理取闹这件事，孩子们都一样。闹剧无关社会地位、性别和年龄，它影响着每一个人。尽管如此，家长们合理地应对闹剧并教会孩子们合理地应对闹剧，能够帮助我们有效地从闹剧中解脱出来。

在这个年龄阶段，我们常见的闹剧主要分为两种：一种是朋友闹剧，另一种是家庭闹剧。这两种闹剧风格迥然不同，但若处理不当，都会导致严重后果。

简而言之，朋友闹剧是自己的孩子与其他孩子之间发生的各种冲突（您一定都了如指掌了）。它包括嘲笑、霸凌和被其他孩子排斥，却绝不仅限于此。这种闹剧可能发生在您想象得到或想象不到的任何地方，就如同我们永远无法预知孩子的想法与行为一样。那个两天前还是您家孩子最好朋友的孩子，可能转眼就与您家宝贝成为相看生厌的死对头。人性无常。这就是为什么我们总是不厌其烦地告诉孩子，人生有时候会给我们惊喜，但有时也会让我们感到挫败和失望。

当我们的孩子开始在真实世界里遭遇闹剧，家长们首先需要认知到，每个人都会经历成长带来的情感伤痛，但每个人的应对方式不同。我们都清楚，孩子极易受到情绪影响。有的孩子比其他同龄人更加敏感。很多孩子沉溺于闹剧只因为这种无理取闹可以给他们一种把控世界的错觉，而他们年纪尚小，还认识不到百分之九十九的闹剧纯粹是浪费时间和精力的行为。对孩子而言，闹剧是一种证明自己比其他孩子更有能力的方式，当然，这完全是一种错误的认识。不过伴随时间的推移和孩子们的成长，他们会逐步走出无理取闹的怪圈（这个成长对于家长来说，总显得那么遥遥无期）。

我曾经目睹幼儿园里有些孩子因为不喜欢其他孩子的穿着、身上的气味（是的，的确发生过）、抛球的方式，甚至对于金枪鱼三明治的喜好（我的小女儿就是这样）等就将对方弄哭。而只有当他们一点点地长大之后，真正意识到恶语伤人，才会改掉这个坏毛病，朋友们才会重归于好（通常情况下会是如此）。

相较之下，家庭闹剧则是完全不同的类型。因为在家里，孩子们会完全地释放自己。不管他们年龄多大，或是平日里多么乖巧随和，在某个特定时刻，他们都会在家这个私密的环境中将自己的情绪完全释放出来。一旦这种情况发生，家庭闹剧的破坏力就会变得像开放性头部创伤那般可怕。正如其他家长所描述的：父母从不曾见识过自己孩子面对外部世界时的真实模样。这句话已经被我的亲身经验所证实。

这里，我举一个例子。我曾经见过一个上学时从来不敢开口跟我或其他教师说话的孩子毫无顾忌地对其母亲呼来喝去，使唤母亲做诸如将常温的佳得乐饮料塞入便当包这种原本她力所能及的小事（我亲眼见到了。这是真实发生的事情）。作为一个旁观者，看到这样的场面我都会觉得痛心。如果换作您是那位家长，您一定会感觉像是被李小龙一拳重重打在胸口。孩子们之所以会这样，是因为他们在家庭环境中、在与亲人相处时，会处于一种相对轻松舒适的心理状态。这与他们平时和其他人打交道时的心情是大不一样的。

上面提到的这位"佳得乐"女孩就是这样的情况。由于她是家中的独生女，她的母亲不得不迎合她的所有无理要求。如果这个女孩子背着书包，需要用另一只手拎着手工作业或者便当包时，她会拒绝自己提东西，而让母亲替她将物品送到教室里。她不会因为身旁还有其他人在场就有所顾忌。不管是否有老师、校长，甚至是辅导员就站在面前，她仍然会如此向母亲叫嚷。尽管大部分的孩子只会在家这个私密而放松的环境中向父母释放所有的坏脾气，仍然会有相当多的孩子在公共场合不假思索地举止粗鲁或行为不文明。

如果家长应对子女乱发脾气或无理取闹所采取的措施得当，有可能成就孩子，若不当，则可能毁掉孩子。如果我们放纵孩子的不良行为，无形中就助长了不良行为的发展。如果我们培养出来的孩子傲慢、放纵，那么家长负有不可推卸的责任。因为如果孩子们在公开场合跟自己的父母讲话都是这样的方式，那他们平时跟同伴、教师，或其他家长的沟通与行为方式也就可想而知了。这也就是为什么家长需要给孩子们设定明确的行为界限，让他们知道家长的容忍底线。这也是大卫和我从一开始就尝试做的事。我们的孩子很小的时候就知道，如果她们的行为越过了"红线"（诸如在公共场合顶嘴，或因为得不到想要的东西就大发脾气等），她们接下来的日子就会很不好过。尽管这个策略并不总是奏效，但家长们通过长期、反复地强化这个概念，孩子的头脑中就会逐渐建立起对于规矩的敬畏感。事实上，这种敬畏感会逐渐演变成孩子潜意识里的规矩意识。有时候，我的孩子在公共场所见到其他孩子的粗鲁行为会震惊不已，甚至还会主动指出给我们看。

现在，很多年轻的父母在子女上中学之前还感受不到闹剧的存在。是的，他们肯定无法想象。那些柔弱可爱的小家伙儿怎么看也不像会具有那么大的"杀伤力"啊；闹剧应该只会困扰青少年阶段的孩子吧。这种认为闹剧不会发生在幼童身上的认识绝对是个错误，**巨大的错误**。因为闹剧的发生远比我们的预期来得要早。有的闹剧甚至在孩子们进入幼儿园时就已经上演了。在学校里，孩子们每天朝夕相对，不可避免地会发生碰撞和争执，也会慢慢形成小圈子。他们相互之间产生各种摩擦在所难免。我之所以这么说，不仅是因为我本身是两个女孩的母亲，有着长期与孩子共同生活的经历，见证了孩子的成长过程；还因为我从幼儿园志愿者做起，有长达12年的学校工作经验，每天都目睹孩子们之间发生的闹剧。要知道，在学校里，这种闹剧简直就是家常便饭。

然而，令人感到奇怪的是，尽管在入学初期，孩子们都能够做到相对融洽地相处（这里的关键词是"相对"），可闹剧发生的概率之大，就像是隐藏在水面下的巨大冰山，令人防不胜防。有时候，闹剧就像是车祸，会在转瞬间发生，而且总是出乎人的意料。

遭遇闹剧时，家长们需要谨记：纵然闹剧再可怕，也千万不要有畏惧情绪（相信我，闹剧的破坏性之大不可估量）。因为不管家长是否准备好，闹剧都注定会上演。我们需要认识到，孩子在其特定的成长时期，对于友谊和人际关系的理解及处理方式会是相当任性的。这是他们不可逾越的成长过程。因此，家长必须提前做好心理准备。如果家长能够将其视作孩子从少年向成人转型的自然洗礼过程，就可以从一定程度上减少应对该问题时的心理冲击。因为每个孩子在面对冲突时，都会经历复杂的心理过程。学会正确地应对冲突，是家长及其子女都必须学会的生活技能。

接下来，当我们的孩子能够一同坐在教室里学习、一起在操场上玩耍、一块进行分组探究或参加社团活动，闹剧仍随时随地可能发生。因为处于青春期的孩子心智尚未成熟，社会经验不足，容易将简单的事情复杂化，甚至将矛盾激化。此阶段的孩子不能很好地将推理、逻辑思维与常识联系起来，因此当闹剧发生时，他们往往不能理智地采取行动。这也充分解释了为什么他们总是小题大做却又无法自我控制（通常会导致情绪崩溃）。

讽刺的是，大部分新手父母始终认为闹剧是孩子上了中学以后才需要面对的问题。我自己也是在小女儿上四年级的时候才意识到这个问题的。有一天，我的小女儿回到家，沮丧地向我倾诉，学校里已经没有一个朋友愿意同她讲话了（如果我没有记错，那场争执是关于豆豆娃的话题。孩子们一度闹得非常僵）。但僵局并没有维持很长时间。该年龄阶段孩子闹剧的情节大抵如此，这对于家长们来说是个福音。此外，闹剧的情节发展之快如同航空管制塔上雷达显示屏上跳动的飞行信号，来得快去得也快，有时候甚至给人一种错觉，仿佛信号从来都没有出现过似的。

正因如此，在解决闹剧危机时，家长应对已经丧失冷静的孩子的最佳武器，就是保持冷静的分析与判断。我们需要尽最大可能帮助孩子梳理事件发生的过程，审视他们焦虑的根源，分析判断其行为的合理性。当然，尽管在很多情况下这种努力是徒劳的，家长们仍然需要尝试去纠正孩子的错误认识以避免事情变得更加糟糕。

此外，闹剧的发生大都不合常理，让人难以应对。的确，这是事实。这样的闹剧就好像生日蛋糕上那根顽劣的蜡烛，怎么吹也吹不熄。因此，父母在应对这种闹剧的时候，首要职责就是在事态恶化前及时将局面控制住。但家长们应当注意：不要过早地进行干预，不要在孩子与其朋友刚刚发生争执时就立刻介入进行调和；在介入之前，我们需要给孩子保留空间，让他们先尝试着自己解决问题。如果争执演变成肢体冲突，或者某一方受到安全威胁，家长应及时介入。因为孩子们已经无法控制局面了，需要家长的帮助和指导。

同样需要注意的是，在孩子间发生纠纷时，如果是自己的孩子犯了错，家长必须坦诚地向孩子指出错误。因为每个故事都有两面性。即使我们偏执地认为自己的孩子是天使，他们也不会总如我们所愿。即便家教再好，孩子们也终归是凡人。说错话、做错事都是不可避免的。

有时候，家长能帮助孩子走出困境的最好办法，就是鼓励他们退一步，保持冷静，并且告诉他们，如果需要，父母会随时提供帮助。因为孩子往往会效仿父母处理问题的态度和方法。如果父母冷静处之，子女也会在遇到困境时理性思考。

因为我家的两个孩子都是女孩，连宠物也是只母狗，所以本文中，我暂时不会涉及男孩的相关问题，也不会试图从男孩的角度解释问题。我只是通过在学校日常生活中与男孩接触的经历来分享一些感受。从我的经验来说，男孩之间的冲突与女孩之间的冲突都旷日持久，让家长头痛不已、精疲力竭。但这两者却又截然不同。男孩总是倾向于把情绪憋在心里，然后用拳头说话；女孩则是一点点地发泄情绪，互相斗小心思。不管是哪种情况，都给家长们解决问题制造了不少困难。

就好比一群男孩子玩腰旗橄榄球时，经常有某个男孩耍无赖，抱起对方的控球队员重摔。结局一定是双方队员大打出手，而难免有个倒霉的孩子流着鼻血被送到学校医务室。这就是典型的男孩闹剧。

而女孩子则全然是另一种情况。与男孩子们的暴力相向不同，女孩的闹剧更像是心理战。她们试图进入对方的思想，从内部摧毁对方。这种剧情在女孩成长发育的早期就会出现。

老实说，我认为女孩的闹剧更为残忍无情，因为它们会发生在小学低年级，这会严重干扰孩子的思想。虽然我不清楚这些闹剧的发生机制，但它们的确会产生严重的影响。女孩之间发生争执时，总是伴随着一方或双方哭哭啼啼、怒火中烧、夸大事实的情况出现，这在男孩身上较为少见，两种情况汇集在一起，会让整个局面更加混乱、复杂、令人烦躁。

我可以为您提供您想知道的与女孩闹剧相关的所有信息。不过，直白地概括起来，女孩闹剧着实让人恼火。女孩子们天生就是戏精，所以她们对于环境的情绪反应通常总是被无限地放大。

男孩子们可以前一分钟还在相互生闷气，转眼间就坐在地上一起玩变形金刚。但是女孩却会陷在情绪纠结中迟迟走不出来。夸张点儿说，女孩子是靠情绪生存的物种。

从前我在幼儿园工作的时候，每天都会带一组小女孩去户外活动。她们可以前一秒还亲密无间地在一起玩四方块游戏，或是给对方编小辫儿，却在下一秒毫无预兆地号啕大哭。原因通常是某个女孩的闺密对她说午餐时不坐在一起吃饭了，或是女孩们在计划聚会活动时忘了邀请其中某个人，抑或是当我女儿最好的朋友决定成为其他人的闺密时。这些情况所导致的情感创伤是女孩子们所不能承受的，因此往往容易引发她们情绪崩溃，其结果当然也不会善终。

此外，上述这些场景还会无休止地循环往复。因为女孩们喜欢"翻旧账"——她们喜欢一遍又一遍地反复体味闹剧带来的情感伤痛和愤怒，直到周围的人都清楚事情的来龙去脉。她们通过这种方式来呈现自己眼中的是非曲直，并以此要求周围的人选择立场。女孩子们都清楚这样的"游戏规则"。有时候，女孩闹剧就好比嘉年华的哈哈镜，粗暴地歪曲事实真相。这就是女孩闹剧：绝大多数时候，严重扭曲事实。

闹剧的最坏影响是：它会形成一个权力中心。在闹剧里，总是由某个男孩或某个女孩掌控着剧情的发展。他们就好像电影中的"大哥大"或"大姐大"。生活中的每个领域都会有这样的角色存在。不过我们通常在年幼时，在学校里初次接触到类似的人物。我到现在还能清楚地记起小学时期一直欺负我的那个女孩。那些场景我至今历历在目。类似的经历对孩子的影响是十分深远的。

到目前为止，我们已经讲了很多关于孩子闹剧的基本理论，您可能已经掌握了十之八九（应该庆幸的是，我们现阶段还无须涉及有关恋爱和社交媒体的闹剧。那是您绝对无法想象的复杂情况），并且也大致了解了应对孩子闹剧的基本策略。作为家长，我们应该清楚，在发生类似情况的时候，我们在与孩子的对峙中绝不能退缩让步。就好比当孩子从滑板车上摔到地面上时，家长应当保持冷静，千万不要急着冲过去帮扶，或者因为看到孩子胳膊肘上的擦伤就心急如焚、着急发狂。家长应当首先观察孩子的反应，之后再采取相应的措施。如果孩子的伤势较为严重，家长必须赶紧上前稳定孩子的情绪，及时帮孩子进行包扎，然后大可以带着孩子去吃冰激凌，这样可以适当地分散孩子对伤势的注意力。千万不要将孩子受伤时血淋淋的照片上

误区 8　孩子闹剧到了初中、高中才会发生

传到 Facebook 或 Instagram 上，这样做不但不能消除伤痛，还会不断提醒孩子自己受伤的事实，会无形中扩大事态的严重性，让痛苦的记忆更加难以磨灭。这是极其不理智的做法。我想各位父母应该都会赞同我的观点。

有时候，在应对生活闹剧时，家长们可以将自己想象成防爆小组的拆弹队员，承担着在炸弹引爆前将其安全拆除的任务。但是，我们不是每一次都能幸运地剪断正确的引线，所以，我们也必须做好迎接炸弹爆炸的准备。举例来说，我女儿因为最好的朋友不愿意跟她分享乳酪片而耿耿于怀。我试图开导她，告诉她即使是好朋友也没有必要分享一切，因为每个人都有处置自己物品的权利。然而有时候，即便家长的解释再合理，对孩子也是无效的。

那么家长应该怎么做呢？我们在孩子情绪化的时候应该做到尽可能的冷静，不要从旁煽风点火。煽风点火的结果是什么呢？火焰会得到更多的氧气从而燃得更旺，火势会变得更加难以控制。这就是需要用水灭火的原因——我们冷静、理智、淡然处之的态度，就是扑灭孩子情绪火焰的一桶水。

误区 9

父母与孩子之间不存在沟通障碍

现实：父母与孩子表达的内容一致，但彼此对信息的解读却不尽相同。

有人真的在听我说话吗？我很清楚自己在讲话，我可以听见自己的话语。周围的其他人也都应该能够听见我说的话。可为什么偏偏你听不到!!

上述文字应该能够准确描绘我们在试图与孩子沟通时候的心情。至少大部分家长会与我有相同的体会。家长似乎总是在喋喋不休地对孩子谆谆教导、循循善诱，而绝大多数时候，孩子们却似乎视若无睹，置若罔闻。当然，有时候他们也会在特定时刻就特定问题进行选择性的回应。在理论上，我们称之为**选择性聆听**。这种现象真实存在。

尽管孩子们要到中学阶段才开始实质意义上的选择性聆听，但我们发现，他们的选择性聆听行为往往伴随他们独立自主能力的发展而萌生。例如上学。因为孩子们一旦意识到自己长大，能够开始独立接触外界了（尽管那只意味着他们一天有几个小时的时间，处于教师监管下的课堂），就会萌发自己可以单挑整个世界的幻想。于是，他们开始本能地认为自己不需要再听大人的话了。这就导致家长教育孩子的难度系数直线上升。

不知道各位是否听说过"充耳不闻"这个成语？当您养育了两个子女，您就会赞同，这个词铁定是出自在家庭教育中屡受挫折的家长之口。可以试想一下，当某位母亲在厨房里高声招呼儿子进屋吃饭，这个孩子在母亲说话时正面对着她，却仿佛没听见似的始终没有走进来。可想而知，这位母亲会有多么沮丧。

这是因为，孩子们总是一厢情愿地认为：假装无视家长是在与家长的关系中占得上风的表现。因为在任何时候，他们都可以声称自己并没有听见父母说的话。除非家长怒火中烧、咆哮孩子的名字时，恰巧就站在孩子面前，与他们四目相对。

每一位家长在面对年龄尚小的孩子时，都必须学会应对他们的选择性聆听。作为孩子的母亲，我自己也觉得这是一项足以让人发疯的修炼。因为孩子们可以在房门紧闭且塞着耳机的情况下，从她们的卧室里听见我在房子另一端对大卫说想吃冰激凌；而当我站在客厅里距她们仅八英尺（约 2.44 米）的地方对她们说"请把背包从厨房的地上捡起来"时，她们却没有任何反应。全然没有任何回应。

我深知，天下父母都希望培养出品行端正、言听计从、从不顶嘴、无须提醒就能自觉清扫房间的模范小公民。这是所有家长的梦想。但那是个美丽的幻想。抱歉，我们的现实是：孩子们会无视家长的指令。这是他们的成长规律使然。

家长们需要谨记：与顶嘴、顶撞家长、撒谎等行为一样，无视家长与孩子们其他一大堆的"可爱行为"并无差别。纵然家长再不情愿从自己孩子身上见到这些行为，我们也无法避免。

我就曾经在苦苦等待孩子简单回应时被她们无视过。我眼睁睁地看着她们在无视我的同时若无其事地跟其他家长或教师打招呼。对于该年龄阶段的孩子，亲子之间的沟通需要时间，有时候甚至会带来激烈的摩擦，但情况会逐渐有所改变。

就我所知，查理·舒尔茨在制作动画片史努比时，将所有的成年人角色配音都制作成"哇哇哇"的声音，就是

误区 9 父母与孩子之间不存在沟通障碍 85

在从孩子的角度还原家长与他们的互动方式。

从孩子的视角来看，家长在与他们沟通时总是过多地表述成年人的观点和要求，采用的语调似乎总是传达着愤怒和对他们的不满，而且总是打断他们最最重要的游戏。

我从周围家长的经验以及与他们的对话中了解到，所有家长都在孩子成长的过程中被他们刻意忽视过。也许您的孩子现在还处于高度依赖父母的阶段，您还未曾有过被孩子刻意忽视的感受。但那天一定会到来。那时，您会发觉自己的声音对孩子来说就好像不经意拨通对方线路的传真信号那么刺耳。当然，伴随孩子年龄的增长和心智的成熟，亲子间的沟通障碍会逐渐减少。孩子们最终会意识到，"不听老人言，吃亏在眼前"这句老话所言不虚。当然，孩子们需要相当长的时间才能认识到这一点。而现在，父母的话在他们的耳中仅仅是烦人的噪音而已。

在现阶段，孩子们年纪还小。此时的他们最容易倾听和遵从父母的教诲。至少我的孩子们是这样。他们年幼，懵懂无知，对父母的依赖度很高。在他们眼中，父母无所不能。这对于父母维持管教是非常有利的。但是，随着孩子们年龄的增长，他们的思想定型、自我意识增强，渐渐地不再需要家长的意见。因此，他们变得不再那么听话。这就会给对话另一端的家长造成极为难以适应的感觉。

作为家长，当我们希望孩子遵从自己的意见而试图吸引他们注意力的时候,应当注意把握表达的方式和分寸。我们是在找碴儿吗?我们是不是过于愤怒或激动了?如果孩子不关注我们,我们是否采取了威胁的口吻?我们吸引并保持孩子注意力的方式完全是由我们自身决定的。但坦白地说,我已经当了20年的家长,可我最主要的管教方式仍然是冲着孩子们大吼大叫。

您是否想过在与子女沟通时退一步,然后仔细反思一下自己对子女沟通时的态度和方式?我想大部分家长肯定不曾这样做过。我自己也只是偶尔为之。但如果我们能够时不时地自我反思一下,就会清楚地发现,作为孩子的父亲和母亲,我们并非如自己所想的那样与孩子进行了有效沟通。我们认为自己是在循循善诱,但在孩子眼里,就是在不停地找碴儿、吼叫、骚扰,以及纠缠不休。这就是家长与孩子之间出现沟通障碍的症结所在。我们彼此都不曾真正意识到自己的表达方式对对方起到了怎样的效果。

但我们有办法来帮助家长和孩子消除沟通障碍。

首先,家长需要认识到,儿童的大脑注意力容易高度集中。儿童之所以不能第一时间回应家长的需求,是他们脑部发育不完善所造成的。此外,对于儿童而言,想要与需要之间是有巨大差异的。因此,家长必须清楚,我们要求孩子做的事情,到底是他们真正需要的,还是我们自己想要的。您或许没有意识到,幼童对于模糊概念的理解能力是较弱的。

其次，家长们需要明白，此年龄阶段的孩子刻意忽视家长的行为往往是源于他们对于家长关注的渴求。他们有时候故意不理睬家长，实际上是为了刺激家长关注自己。然而，由于他们还太小、太不成熟，往往容易错把负面关注当成正面关注。因为对于孩子来说，行为无关好坏，只要能吸引父母关注就好。而在父母眼中，孩子对于指令无动于衷的表现反倒成了恼人的行为。

关于对策，首先，家长应做到准确把握儿童心理。我们应谨记：孩子认为自己无所不能。他们坚信，即便尚且年幼，也有能力自己解决所有困难，独立应对所有危机，不需要家长提供指导与帮助。因此，他们在开始独立接触家庭外部世界后，会逐渐不再接受家长的意见。

其次，家长在遭遇沟通危机时需要保持冷静，力求达到佛家心如止水的境界。经验告诉我，焦虑的家长和桀骜不驯的孩子永远无法实现有效对话。如果我被激怒的样子被女儿们看到，她们会立刻知道我情感脆弱、不堪一击，然后决绝地不再理会我。因此，我的诀窍是：即便孩子不予回应，也要保持心平气和。如果我们在尝试劝说孩子合作的时候达到禅的心灵境界，孩子们反倒更有可能倾听我们的诉求。

家长们还可以尝试一个小技巧：那就是玩听觉游戏。

这个技巧对于此年龄阶段的孩子比较奏效。当我们遵循以下策略，让孩子们感到有趣，他们便有可能更积极地参与活动。我们可以通过提供正向的激励来让聆听的过程充满乐趣。例如，允许他们比平时多赖床 5 分钟，或者多看 10 分钟卡通片。总之，给孩子们一些甜头，他们就会好好表现了。一些传统的"老把戏"很管用。这里我必须说明，这种手段与诱导孩子遵从父母指令有天壤之别。对孩子的良好行为进行激励性强化是正确的策略。而且事实证明，这是极其有效的手段。偶尔对孩子完成任务进行补偿，有助于他们习得新的技能。

这不属于贿赂的范围。我重申：这不是贿赂。

贿赂是操纵的产物。将贿赂作为行为标尺是十分糟糕的。当家长将诱导作为矫正孩子行为的主要方式，就是在将自己对局势的掌控权拱手让给孩子。一旦孩子开始以不良行为相威胁，向父母讨价还价，家长就输掉了整场战役。这是因为在与孩子的对峙中，家长的最后一根神经已经紧绷得快要断开，贿赂就往往成为威逼利诱的最后手段。我在这里劝诫各位家长，千万不要采取这种方式。老实说，我甚至不应该在本书中提及这个手段。因为我们一旦越界，采取贿赂的方式诱导孩子服从我们的指令或与我们对话，就是在培养娇蛮放纵孩子的路上迈出了万劫不复的一步。

家长们需要记住，与孩子建立良好的沟通机制需要时间。这个过程耗时良久，枯燥乏味而且注定不会完美。家长们需要耐心，更需要坚持正确的方向。我们需要与孩子日复一日地磨合，探索最有效的沟通方式。尽管这并非易事，但一定能够实现我们的目标。

那么，如果耐心、忍让和言传身教都不奏效，还有什么其他办法呢？我这里还有另外一个建议：让孩子自己也尝尝被他人无视和忽略的滋味吧。当他们打电话求助时，不要回答任何问题；在他们想传达超级重要信息的时候，开始切菜……这样，他们就知道被别人晾在一边是什么感受了。这就是所谓的家教时刻。我们在孩子试图主动沟通的时候突然反击，让他们知道何谓"己所不欲，勿施于人"。

好了，现在让我们回归理性，来介绍建立良好的亲子沟通的有效手段。这个方法可是屡试不爽的"撒手锏"。

举例来说，我的两个女儿曾经为了所谓的保护个人隐私而频繁地反锁卧室门。她们不是因为换衣服而锁门，而纯粹是觉得锁门有趣，才每天间歇性地锁门。此外，每当我们敲门，她们总是磨蹭好久才起身踱过来开门。有时候我们在门外一度觉得自己的等待超过了10分钟。遇到这样的情况该怎么办？我们也开始在清晨、下午，或晚餐后频繁地锁自己卧室的门。当女儿们想如往常一样不请自入的时候（她们总是这样，进门先敲门的原则对她们完全不适用），会发现门是锁上的。我们的这个举措让她们非常恼火。

她们讨厌进门前需要提前打招呼。而每次她们敲门请求进屋时，我们也总是会先平静地应一声"稍等，我在换衣服呢"，然后不慌不忙地走过去开门。孩子们很快就意识到了我们的意图，因此，她们渐渐地不再总锁门了（当然，我想她们可能也预见到如果再这么干下去，我们会把她们房门的门把手卸掉）。

不论采取上述哪种策略，只要家长足够耐心，并遵循我关于亲子沟通的原则，我们与孩子最终都会学会倾听对方（我认为学会倾听与学会沟通同等重要），并实现与彼此的有效沟通。

不瞒各位，我在尝试建立与孩子的有效沟通时，也经历了无数挫折与失败，有时也曾愤怒、无奈到恨不得用脑袋狠狠撞墙。的确，这是个父母与孩子共同学习倾听和沟通的过程，对父母和孩子来说都不容易。成人之间对话尚且不易，更何况要在成人与孩子之前建立起对话的桥梁，那更是难上加难啊。

家长与孩子之间的理解方式存在代沟。不幸的是，作为家长，我们必须主动承担起解决这个问题的责任——我们要寻求开展有效亲子对话的方式，并努力让孩子学会倾听。如果您和我一样，有时候唠叨太多，您也需要意识到，您的关键信息可能会被大量干扰信息所淹没。就我个人观点而言，在与孩子的对话中，家长应该做到简洁明了。如果您做到了,我相信您很快就会看到沟通的效果。

大部分的孩子会关注新闻,却不会关注天气。我的女儿们到现在也是如此。我之所以这么说,是为了提醒家长,在与孩子说话时,要简洁扼要、直接明了。此外,一定要具体。绝大多数孩子无法消化成人的复杂指令和长篇累牍的教训。因此,我建议家长直接指出孩子的错误行为,或告诉他们需要遵守的规则,然后退后一步,留给孩子们足够的反应时间。我重申一次:家长在给出指令后,需要退后一步,给孩子们留至少一秒钟的反应时间去做出行为改变。如果孩子不能在您发出指令后立马从游戏台上跳起来做好准备,家长千万不要生气。因为他们真的做不到。

家长需要认识到,由于孩子大脑接受和加工信息的能力有限,其行为反应也相应地具有局限性。因此,在建立有效亲子沟通方面,我能给家长们的最好建议就是,**少说、多听**。家长们虽然不必总是这样,但在有些场合,这个策略是十分有效的。一旦我们能够把握与儿童对话的分寸与节奏,就能建立起更为高效的亲子沟通。

那么,当上述所有招数都无效的时候,家长们该怎么办呢?不如直接走开吧。不要站在原地期待着通过责骂孩子就能解决所有问题(这也是我所面临的挑战)。有的时候,我们可以先搁置争议,等双方彻底冷静后,再通过彼此妥协、退让和共同反思来解决问题。

我自己就不善于对与孩子发生的争执进行冷处理。当我和孩子们发生争吵或争议时，总是希望刨根问底，直到问题解决为止。因此，我会抱着解决问题的目的，用各种不同的方式，从不同的角度阐述我的观点。但我发现，孩子们会很快屏蔽我（很多孩子会这么做）。我的所有苦口婆心都会变成她们无法消化接收的噪音。而问题始终无法解决。

这就是为什么有时候将问题打散再重组，是解决问题最有效的方法。尽管在我们试图与孩子建立健康对话的时候离开似乎有点儿不合时宜，但往往会是最佳的方式。为什么？因为这样做可以避免我们情绪失控而说出让自己后悔的话。换言之，这么做可以将我们从自身的缺陷中解救出来。请记住，当事情没有发生，一切还都可以重新来过；而有些事情一旦发生，就可能无法挽回了。家长们应当时刻保持冷静，并牢记：我们沟通的对象是尚未成年的孩子。家长们大可在局面失去控制前，从容地对孩子说一声"失陪"，然后将自己反锁在洗手间里，等冷静下来后，再继续对话。

误区 10

想让孩子保持学术竞争力，就必须给孩子报更多的课外小组与兴趣班

现实：孩子需要自由的时间来自由呼吸，自我解压，回归天性。

当我们自己还是孩童时，其中不乏有人曾在学校学习过乐器，还有的人像我，热衷于运动，一度成为镇子里仅有的两名青年女子棒球队员之一。除此之外，儿时的我们会在户外尽情玩耍，直到太阳快落山，某个孩子的母亲吹响口哨示意大家该回家了。之后，我们还会一起打扮芭比娃娃、玩火柴盒汽车、阅读书籍，或者一起玩故事接龙，

然后才结束快乐的一天。那时候，孩子们的生活是无拘无束的。而现在，孩子们的日程被各种兴趣小组、俱乐部活动、运动竞赛和文艺彩排等塞得满满当当，他们只能在乘车的间隙吃口饭，而每个家长都在心里偷偷地祈祷突然天降大雨，这样孩子的练习就能取消，全家人才能喘口气。

既然孩子们已经开始上学，家长就需要接受一个事实：孩子们的日常生活远比上下学复杂得多。家长必须适应这个新的情况。因为，在上幼儿园之前，大多数孩子每天只在日托班待几个小时，顶多再参加一个 Mom&Me 游泳班课程，仅此而已。而现在，他们放学回家后，得忙着穿上护胫参加足球比赛、换上空手道服去道场练习、套上芭蕾舞鞋去排练，一天之内要参加多项活动。虽然看到孩子每天过得忙碌而充实，作为父母，我们的内心是欣慰的，但我们同时也需要认识到，孩子们需要属于他们自己的时间。缺少这部分生活，他们的童年就是不完整的。而这往往是家长最容易忽视的问题。一旦发生问题，家长们会追悔莫及。

因为儿童一旦缺乏放松及自我纾解的机会，就无法及时释放压力、缓解焦虑，也会因此更加依赖父母来帮助他们安排生活。一旦父母无暇顾及他们，他们就会变得失落、迷茫和无助，从而产生各种心理问题。

为了便于各位清晰地理解我的观点，我将孩子们因忙于参加各种活动而无暇休息所导致的人生缺憾梳理如下，供各位参考。

孩子缺乏自由时间所导致的不良后果如下：

- 他们不会自娱自乐，只会缠着家长不放；
- 他们无法参与静态和相对独立的活动，诸如窝在沙发上看书（当然前提是他们已经能够独立阅读了）、画画或者利用身边的事物进行创意活动等；
- 他们缺乏想象力；
- 他们无法消化日常积压的情绪，不知道如何纾解压力；
- 他们不容易接受他人的鼓励；
- 他们不知道如何独立生活。

或许各位家长已经注意到了，我在这里大量使用了"无法……"等负面表述。我故意为之，就是希望家长们能够意识到：如果父母不能给予孩子自由探索、自由创造，以及独立规划个人生活的机会，孩子最终将会变成只会依赖父母、不懂得自主思考和生活、麻木穿行于各种活动之间的小机器人。

儿童有权获得玩耍、休息和自主决策的机会。尽管现代父母对于儿童无所事事会产生可笑的内疚感，而且见不得孩子有哪怕一分钟空闲下来。我也是如此。这可能源于我个人将保持忙碌和过富有意义的生活作为人生信条。此外，这恐怕也与我是具有完全自主能力的成年人有关。即便如此，我也同样欣赏恬静且无忧无虑的生活。但儿童与成年人不同。他们需要外界的帮助来规划生活。尽管如此，这并不意味着他们的全部生活内容都需要由家长来安排。家长需要告诉孩子们，有时候放空自己、什么也不做，没什么大不了的。事实上，对孩子来说，这是非常必要的。

《爱因斯坦从没有用过闪卡：儿童学习机制研究——为什么儿童需要多一些自由玩耍、少一些死记硬背》的作者之一凯西·赫什-帕塞克曾经说过："有些人认为儿童无所事事纯粹是浪费时间。这是一种误解。实际上，儿童在放空的状态下，思维极度活跃且富有创造性。因此，这种状态对于儿童非常重要。""在完全自由的状态下，儿童可以自主探索世界、形成独特的兴趣、沉浸在有助于激发幸福感的幻想游戏中、与同伴合作解决问题、理智地管理时间。这些都是非常重要的生活能力"。[6][7]

您有可能不知道，有一种极具破坏力的现象叫作过饱和状态。简单来说，就是当家长担心孩子无所事事，给孩子报各种课外活动班，把孩子每天原本的自由时间安排得满满的，使孩子终日处于高度紧张的状态而最终爆发。一旦这种过饱和现象出现，情况通常会变得非常糟糕。

就我自身经验而言，我认为给孩子安排过多的课外活动班对他们有害无益。最根本的原因是：孩子们需要自由的时间和空间来纾解压力。这就好比我们需要给热空气驱动的老式散热器及时放气才能避免它爆炸的道理是一样的。我们的孩子就如同一台小型散热器，必须及时排气才能保障其身体内部系统维持稳定的运转。

我听过很多父母的心声。他们认为放任孩子会导致一步踏错满盘皆输。然而，我也与他们的孩子进行过相同的对话。如孩子们所言，他们一周五天风雨无阻地被送进学校学习，周末还得奔波往返于各种运动场、俱乐部或排练厅之间，疲于奔命，心力交瘁。他们都无比痛恨这种生活。尽管他们真心喜爱所参加的课外兴趣活动，却从未设想过让这些活动占据生活的全部，导致自己没有任何支配自由时间的机会。可想而知，如果这样的情况持续下去，用不了多久，必然会导致孩子身心系统崩溃，或造成更大的损害。

我清楚地记得幼儿园班里一个孩子的妈妈向我倾诉过她女儿在周一清晨上学时全然崩溃的经历。首先，那个女孩在被送到学校后拒绝下车，并为此大发脾气。她不愿解开安全带，甚至在母亲每一次尝试解开安全带时都狠狠地拍开母亲的手。她的母亲费了九牛二虎之力才将她拖出车外。而母女俩走出停车场的路依然举步维艰。这个女孩宁可像尊石雕般双臂环抱着双腿，一动不动地坐在草丛边，也不愿意向学校的方向挪动一步。

最终，绝望的母亲只得请来学校的心理咨询师和班主任，这才劝说女孩走进了学校。后来，据这位母亲回忆，在过去的周末里，她女儿参加了足球巡回锦标赛，其间还设法参加了三场舞蹈表演（其中一场是带妆彩排，另外两场是正式公演）。哦，对了，小家伙儿还作为正式队员参加了两场女子曲棍球比赛。可怜的孩子身心疲惫到了极点，所以就发生了周一的这次"罢学抗议"。

各位家长，大家是否对这样的场面感到无比熟悉？

那么我们是否应该思考一下：我们这样做到底是在培养未来卓越的罗德学者和专业运动员，还是在培养一群疲惫不堪、过度消耗的功利主义者？我想大家的心里应该都有答案。

家长们的心思我很清楚。不管是学生的家长还是我的朋友，都尽可能地希望孩子生活的每一秒都充满刺激和挑战，以确保他们不在学业成绩与课外活动的表现上落后于他们的同龄人。因此，我每天都能见到从父母车上下来的低年级孩子肩上背着或挂着网球拍的大书包，左手握着曲棍球棒，右手拎着小号盒。可怜的孩子身上挂满了各种装备，多得都快要挤不进学校的大门了。

我接触过的很多朋友的孩子，以及我教过的很多孩子，整日忙碌奔波于各种课外活动之间，从足球巡回赛到游泳训练、钢琴课和厨艺班，他们日复一日地练习、排演、再练习，有时候一天下来，累到仿佛忘记了自己是谁。大家想想，这样的节奏会带来什么样的后果？它会增加家长的紧张和焦虑。此外，这些活动看似让孩子们的生活变得"充实"，实则消磨了孩子们对生活的热情，让他们变得麻木且惰于思考。

讲到这里，请各位家长不要误会。我非常赞同让孩子们通过参加兴趣小组或俱乐部来充分接触运动、绘画、语言和音乐。年幼的孩子需要不停地试戴各种帽子，才能发现哪些帽子适合自己、哪些不适合自己（嗯，考虑到个人卫生情况，也许这里用戴帽子来举例并不十分恰当）。这里我们不得不提到选择这个概念。作为家长，我们必须为孩子的生活做出选择，同时，还必须教会孩子如何自己做选择。因为即便我们有意愿且有能力为孩子的兴趣发展做出规划，也应当将这个选择权归还给孩子。

对挤占孩子课外时间的做法说"不"其实并不可怕。事实上，在为孩子规划课外生活时，家长保持理智和审慎的态度非常重要。家长不应当强迫孩子参加曲棍球队或吹长笛，更不该在他们才 7 岁时，就勉强他们同时参加三种运动队。家长需要做的，应该是为孩子们设定规矩。这里所说的规矩不光是指几点上床睡觉、每天看多久电视、吃什么食物，还要学会从小的时候起就信守承诺。

我知道，家长们都不习惯于让孩子失望。是的，每个父母都希望获得孩子的欢迎。但比起受欢迎，学会说"不"

更为重要。家长有义务帮助孩子们保持学习和活动的正常进度。要实现这个目标非常具有挑战性。因为孩子们看到小伙伴同时参加多个不同的学习小组，诸如女童子军、戏剧社或街舞班，难免会心里痒痒。为什么呢？因为他们不想错过参与的机会。这不难理解。成年人也会出于不想被团队遗忘等类似原因搞得自己身心俱疲。有时候，当我们看到其他父母手执报名表排队给孩子报班时，会觉得自己不那么做是在毁掉自己孩子的大好前程。但相信我，这种想法是错误的。因为孩子们像我们一样，也需要适时地逃离责任，在生活里喘口气。

讽刺的是，美国儿科研究学会（American Academy of Pediatrics）的研究显示，儿童在成年以前不会形成特定运动领域的专业特长。他们的肌腱和筋骨尚未发育完善，容易因过度运动而遭受损伤[8]。因此，我认为，该研究证实了在小学阶段，儿童运动的主要目的应该是娱乐而非专业发展。对于年幼的孩子来说，娱乐休闲运动的意义在于活动身体、培养团队意识，以及竞技运动所倡导的运动员精神。一旦超过了这个界限，给年幼的孩子施加过高的期待，就会导致孩子身心负荷过大，甚至将孩子逼向崩溃的境地。

此外，在谈及儿童、运动和压力的主题时，我希望再花点儿时间跟各位家长谈一谈我对竞赛表彰的看法。我个人对竞赛奖励持否定态度。我认为设置这种奖项极不合理，因为它们对家长和学生传递了错误的信息。有的青少年运动俱乐部向队员颁发所谓的绶带或奖牌仅仅是为了装饰制服和拍照炫耀,那么,这样的表彰不值得我们鼓励孩子们每周勤勤恳恳地训练并为之奋斗。

我认为,运动员参加比赛得奖与学生高中毕业获得学历证书的作用相同,是对运动员和学生刻苦训练与努力付出的肯定和褒奖。不付出汗水就能得到的奖牌与不学无术混日子就轻松拿到的毕业证书一样,是不具任何"含金量"的学术造假。

有相当多的父母对于这种所谓的"纪念奖"趋之若鹜,是出于一种简单的认知:奖牌是孩子卓越运动表现的有力证明。而实际上,这些奖牌既不能证明孩子的运动水平,也不能体现该运动的竞技性,更不能反映孩子的团队合作能力,充其量也就算得上是孩子每周出勤率的记录。仅此而已。还有的家长强迫孩子每个季度参加一项,甚至两项体育训练,就是为了让自己的孩子保持对于同龄人的竞争优势。他们从不理会孩子是否真心喜欢该项运动,是否擅长该项运动,纯粹是为了"参与"而让孩子"参与"。这种行为并不可取。

如果此时您还不能清楚地理解这个问题,我必须提醒您:在真实世界里,我们不会总是赢家。很多客观和主观因素限制了我们获胜的可能性。况且,总有人比我们跳得高、跑得快、掷得远。营造冠军的假象无疑是给孩子在成长的道路上设置陷阱，会使他们在期待社会认可的时候遭受现实无情的打击。要知道，他们此时看到的并非现实啊。

在过去5年的春季学期和秋季学期，我曾给全国学校的上百名四至六年级女学生进行过心理辅导。我发现，这些女孩中没有人看重过任何形式的奖牌、奖状或奖励。这是因为她们的辅导老师经常向这些女孩灌输"输赢并非人生定论"的理念。这些老师让孩子们认识到，比赛输赢并不重要，重要的是参与和努力的过程。现在，我可以开心地告诉大家，这些女孩对于每项任务都全力以赴，从不计较比赛结果。而她们始终为自己的全情投入而自豪。这才是我们追求的目标。

那么，我们是否应当以打入制胜球作为评判孩子作为球队成员、球队贡献者，或者球队领袖的标准呢？当然，理应如此。但这样的评价无须依靠奖杯、绶带或徽章来达成，与教练击掌庆祝、奖励球服或者夹心棒棒糖，都是很好的认可方式。当然，如果您希望培养认为自己样样都出色的自恋情结者，您大可肆意而为。但我诚意劝告各位，作为家长，我们更应该向孩子们灌输"胜败乃兵家常事"的道理。胜败虽无常，参与游戏的过程更弥足珍贵。

以我的女儿为例吧。我的大女儿现年19岁。她从5岁起开始踢足球，一直踢到高中。在比赛中，她曾经当过守门员，也曾踢过前锋和中场。她从不曾缺席训练，热爱自己的队友，全身心投入每一场比赛。然而，在她踢球的9年间，她从不曾在任何一场常规赛中破门得分。长此以往，她能在比赛中进球几乎成为我们全家人共同的期盼。然而，她丝毫不在意，只是单纯地享受让自己融入球队的感觉，用她的话来说，那是一种超越个体的价值感。她珍惜与队友的朝夕相处，更珍惜这种彼此了解、优势互补的默契。这些都为她后来进入高中球队奠定了坚实的基础。她知道，尽管自己从未直接进球得分，但为队友创造了无数的绝佳助攻，帮助球队最终制胜。这些宝贵的经验让她认识到，每个球员都有其独特的价值。只有大家齐心合力，球队才能取得最终的胜利。

  那么，我们是否要鼓励孩子参加课外班或俱乐部呢？当然了。因为感悟自身之外更广阔的世界本就是成长的必由之路。这意味着，孩子们需要学会团队合作以及灵活应变。这关乎我们如何与他人沟通、如何树立自尊自信，也影响我们人际关系的塑造。这些都是经验之谈。但除此之外，家长们需要把握孩子参与课外活动的尺度，懂得拒绝安排第三方组织的曲棍球比赛，并教会孩子们"在数量上做减法，在质量上做加法"。毕竟，过度挤占课外时间所导致的孩子情绪崩溃归因于家长，而非孩子。

误区 11

好孩子应该不吵不闹、规规矩矩

现实：诙谐幽默是一种天赋。

对我来说，没有什么比粗言劣语、夸夸其谈、不知所言何物的孩子更糟糕的了。面对那样的孩子，您只会祈祷自己不要是他们的父母。但是天底下哪里会有敢打趣高年级男孩，能够品味讽刺艺术精妙之处的孩子呢？如果有，我一定非常乐于与之相处。也许甚至会希望自己的孩子也能如此。

教会孩子区别幽默戏谑与尖酸刻薄、懵懂无知和粗鲁低俗是非常困难的，但也并非遥不可及。如果家长培养得当，孩子将具备一项最吸引人的特质。因为现代教养理念与传统教养理念对于好孩子的定义截然不同。后者认为好孩子就应该不哭不闹、安分守规矩，而前者则认为诙谐幽默、活泼好动的孩子更容易成长为适应社会、具有强烈吸引力和感染力的成年人。因此，我认为学会幽默是一项非常宝贵的生活技能。

请各位顺着我的思路继续思考。大家不要惊慌——通过沟通和语言试探对方底线是该年龄阶段孩子完全可以做到的事。这也是孩子们自我发展的必经之路。

在本部分，我会详细地阐述培养孩子健康幽默感的重要意义。但是，在开始阐述之前，我有必要向各位家长明确界定一下幽默讽刺的定义。首先，引用我最钟爱的作家奥斯卡·王尔德的名言："讽刺是最低级形式的机智，却是最高级形式的智慧。"从他的表述里，大家足以看到讽刺的巨大作用。

根据《韦氏词典》的解释，讽刺的基本定义是："以口头或书面的方式说出的与实际意思相反的话语，以达到幽默风趣的效果。"其拓展概念还涉及冷嘲、侮辱和激怒。不过那些都不属于我所谈论的范畴。我所说的讽刺主要是指那些无伤大雅、不具攻击性的玩笑话。我非常不赞同家长教育孩子嘲笑、侮蔑他人的做法。那是非常恶劣的行为。

我在此强调幽默讽刺的重要性，是呼吁家长们关注培养孩子的机智敏捷和快速反应能力。姑且不谈讽刺的表达基于对生活细致入微的观察与周全思考，需要良好的自我控制；它还有助于孩子进行抽象思维，能够有效地激发孩子的创造性思维，提升孩子的创造力。此外，孩子在进行讽刺时，还需要与他人进行比常规对话更快速的信息加工，这对孩子信息处理能力的要求也更高。

我们不要忘记，人的本质是社会性动物。人类需要依赖与他人的沟通和交流才能繁衍生存。正因如此，我们的社会已经进化出迅捷思维的文化。不论您是否相信，正如史密森杂志所言，"儿童在进入幼儿园时就已经能够理解并使用讽刺技能了"[9]。该论断提醒我们，家长教养子女的重要使命之一，就是帮助他们与周围的人保持同等的智力水平。为此，家长应该尽早地激发孩子的幽默感，以便他们更好地理解幽默讽刺在成人社会发展中的重要意义，并及时从中受益。

在当今社会，幽默讽刺已经成为主流的社会文化形式。因此，培养孩子对该文化的适应能力至关重要。明尼苏达州玛卡莱斯特学院语言学家约翰·海曼教授提出："幽默讽刺实际上已经成为当今社会的第一语言。"[10] 该论断为我的观点提供了有力的支持。的确如此。因此，为了确保我们的孩子能在当今充满竞争的世界中获得成功，他们需要学会流利地开玩笑。这是社会发展的客观要求。

此外，KidsHealth.org 网站的调查显示，"幽默感是儿童终身发展所依赖的重要工具"。该网站认为："具有高度幽默感的儿童比其同龄人更加快乐、乐观、自信，而且能够更加妥善地处理（自身与他人之间的）争议。"[11] 我作为母亲和教育工作者的经历也证明了这个观点。

我接触过很多适应能力强的儿童。他们的共同特点就是具有高度的幽默感。我认为，正是幽默感帮助他们通过引人发笑来营造轻松愉悦的人际关系，也正是这种令人如沐春风的亲切感，极大地提升了他们的个人魅力。

这些年来，我喜爱的学生都是懂得如何引人开怀大笑，可以与周围孩子和谐相处的人。他们不会对别人造成威胁，既不冷漠也不嘲笑他人；他们亲切随和，让周围的人都感到轻松自在。

幽默的用处很多。例如，它能让孩子们保持心情愉悦；鼓励孩子们随机应变；推动孩子们进行多维度思考，培养批判性思维；能消除不良情绪，减少抑郁；更别提幽默所引发的大笑有助于提高血液中的含氧量，从而改善大脑功能。此外，幽默还能缓和孩子负面情绪的集中爆发。（当您二年级的女儿在捧腹大笑时，是绝对不会拿遥控器砸您的。）

正如弹奏乐器、讲外语，或绘画可以提升孩子的学习能力一样，幽默讽刺也有同样的效果（是不是非常难以置信？）。讲笑话就如同在给大脑做健脑操。如果说，家长可以鼓励孩子通过体育运动来锻炼身体，通过学习乐器来激发神经刺激，那么我们为什么不可以通过练习来增强孩子的幽默感呢？

我和大卫刚结婚时认识了一对夫妇。他们有一个非常可爱的6岁儿子。这个男孩幽默感超强，不亚于专业的单口相声演员。因此，他非常招人喜欢。正因为他诙谐幽默得恰到好处，所有人都喜欢跟他在一起。

尽管他当时只有6岁，却已经完全掌握了幽默的精髓。他的思维极其敏锐，让人赞叹不已。那时候，我和大卫甚至开始祈祷自己有了孩子一定也要像他一样幽默机智。然而，据我所知，幽默感是一种与生俱来的天赋。但我们坚信，通过持之以恒的锻炼，我们也能够培养出在人际沟通中幽默诙谐地表达观点的孩子。在抚育两个孩子的20年时间里，我可以非常自豪地告诉大家，我们成功地培养出了两个极其幽默风趣的女儿（当然，也可能是出于母亲看自己孩子的视角）。她们两人可以在任何对话中谈笑风生。她们非常清楚如何抛出话题、如何恰如其分地回应，更知道如何调和朋友之间、亲子之间对话的气氛。从这些年来我们所收到的无数关于她们二人风趣幽默的评价来看，我认为我们主动采取措施提升孩子幽默感的策略是成功的。

大多数秉持传统教养观念的家长都期望自己的孩子在公共场合时刻保持头脑清醒，做到举止得体。因此，我意识到谈吐风趣幽默恐怕不是大多数父母心目中好孩子的首要特质。但我坚定地认为孩子们应当具备这样的特质。如果孩子具有高度的幽默感，对于家长和孩子自身都不失为一件好事。因为就此，家长与孩子之间会形成一种新的亲密关系。不管您信不信，我的女儿们与我们就是极好的例子。事实上，我们在家里会相互比较，看谁是家里最幽默风趣的人（当然，与直系亲属或关系密切的朋友，开玩笑的程度应与其他人略有不同）。家庭成员与朋友会立刻明白您笑话的含义，而其他人或许不能第一时间品味出来。他人对我们笑话的反应就像一块试金石，可以一目了然地帮助我们判断哪些人更容易接受我们，而哪些人则需要更长的时间才能对我们敞开心扉。

直到现在，我还能清楚地回忆起和大卫之间关于未来子女性格的讨论。我们当时都特别期待孩子一生下来就自带幽默细胞，能够完美地掌控笑话的火候。而我们也坚信，我们俩的幽默基因足够强大，我们的孩子至少不会是"笑话绝缘体"。

我们一直希望子女可以发展健康且符合时宜的幽默感。因为就我们而言，没有什么比目睹女儿们讲出精心编制的笑话或俏皮话逗乐全场（甚至引发深层次思考）的能力更让人心满意足的了。幽默是一种天赋。家长们都应当为孩子具备这种社会技能感到骄傲。至少我是如此。

我和大卫对孩子辨别并发表极具讽刺意味评价的能力由衷地感到骄傲。并不是所有人都可以具备发表讽刺幽默或理解幽默的能力，就如同很多人天生不通音律，高音唱不上去或是不会弹吉他一样。人的很多能力是天生的，而幽默感正是其中之一。

年幼的孩子不懂得过滤信息，那是他们的天性所致。他们接收信息，模仿动作，无论何时都能令人开怀大笑，不忌讳用任何手段吸引别人的注意。这并不总是好事。但只要家长本身关心子女且自身具备一定的幽默感，在指导得当的情况下，孩子的幽默感是可以通过后天训练来培养的。

不能否认，孩子的幽默感会受到父母基因的影响。因此，难免有的人更为风趣且反应敏捷，而有的人则天性木讷，不解风情。但幽默感跟很多其他性格特质一样，是可以通过长时间的反复练习而习得的。

我知道，盼望着自己的子女风趣幽默听起来有点儿离谱。但我们之所以怀有这样的期待是有原因的。大家必须知道，我和大卫都来自底层家庭。我们的父母都习惯于用简单、粗暴的方式与我们交流。因此，我们自然而然地期盼着自己的下一代不要再像父辈般自以为是。在我们现在的家庭关系中，我们欢迎孩子们提出问题，而且提得越多越好。我们与朋友之间的交流方式亦是如此。

此外，还有很多实证研究能够证明"幽默感强的人比不具幽默感的人更加富有创造力"。是的，这是客观事实。埃里克·弗拉克在《赫芬顿邮报》上发表了一篇题名为《为何幽默感如此重要》的文章。他在文章中写道，来自哈佛大学、哥伦比亚大学，以及欧洲工商管理学院的科学家已经就幽默感对于人类的认知能力影响开展研究。研究涉及真实的人类实验（我非常欣赏他们耗费时间与资源所开展的研究）。实验显示，接受幽默评价的实验组人员的创造力明显高于未接受幽默评价的对照组人员。事实上，实验组的创造力水平是对照组的三倍还多。弗拉克指出，其原因在于幽默评价的发出者和接收者需要动用脑力分析幽默看似矛盾的表达内涵，以便让幽默传达得更为有效。正是该思维过程中所蕴含的解读与表达激发了创意的火花。[12]

请各位家长朋友不要误会我。我很清楚在健康、时机恰当、无伤大雅的幽默讽刺与全然尖酸刻薄的无礼嘲弄之间有明确的界限。这也是大卫和我就此专门开展教育研究的原因。因为我们都深知，人类，尤其是儿童，容易超越界限，将无伤大雅的玩笑之词错误地表达为粗鲁无礼的冒犯之举，还不自知。

问题在于，很多人对于讽刺不怀好感。他们一听到这个词就会联想起它的负面含义，即"利用反讽的语气讥笑他人或表示轻蔑"。就字面含义而言，不尊重他人毫无魅力可言。然而，讽刺这个词的含义不止一种。实际上，根据

Your Dictionary.com 网站的解释，讽刺还有另一个意思——"利用反讽的语气开玩笑"。开玩笑可不是社交禁忌呀！

我必须承认，我们现在所提及的讽刺，主要是通过控制和发挥自身的幽默基因，在生活的某些特定场景创造我们自己的活泼俏皮的角色设定。但我们得就事论事。幽默讽刺的方法不一定适用于所有场合。正如我的两个已经分别进入高中和大学学习的女儿，如果她们时不时地在日常对话中加入成人的语气反倒会让我更加耳目一新。

我们需要接受并悉心浇灌孩子身上具备的各种闪光特质。对于这一观点而言，幽默与其他性格特质并无本质差异。

因此，我的建议是：教孩子们学会把握在日常生活中开玩笑的时机与场合。从小事入手，从家庭开始。在开始跟家庭成员以外的人开玩笑之前，先让孩子们反复演练几次，帮助他们熟悉方法并了解什么能说、什么不能说。之后，等到完全掌握了，再逐渐让他们独立与外界沟通。

如果有人恭喜您培养出了幽默风趣的孩子，请告诉他们，您是通过刻意练习而为之的（别忘了用自嘲的口吻对其他家长说哦）。这样，恐怕其他家长也会争先恐后地效仿您。

误区 12

科技正在毁掉我们的下一代

现实：科技驱动的社会能为精通技术知识的孩子提供良好的发展平台。

在我们年幼时，孩子们的娱乐休闲方式与现在的孩子截然不同。我们小时候常见的玩具主要是记号笔、彩色铅笔、滑板和录像带等。我们会玩骑马打仗、打扮芭比娃娃（当然也会让肯与芭比亲吻）、传接球，还会爬树（有时也会从树上摔下来），等等。除了个别男孩在其成年礼上会得到雅达利 2600 款游戏机这样的奢侈玩具，上述基本是我们当年所有的娱乐方式了，而它们之中的绝大多数与科技或电子屏幕毫无关联。那时候，生活远比现在要简单得多。但社会总在发展变化，置身其中的我们也会随之进步。我们的下一代，就在这个演变的过程中随我们一同进步着。

今天的孩子们生活在与我们儿时完全不同的世界里。他们的世界充斥着以手游和触屏为主要卖点的 iPad、iPhone，以及 Xbox 游戏机。他们只需通过点击屏幕、拖拽内容、刷屏就能表达思想。市场上时刻有数不尽的新潮电子产品供他们选择用以打发时间。这种现状所带来的最显著的问题，就是高科技电子产品的广泛应用使得孩子们不再选择传统的娱乐方式来支配课外生活。（更别提这也使得他们与父母相处的时间越来越少。）

尽管科技给孩子们带来的乐趣是我们儿时的游戏所不能比拟的，但科技的应用也使得现在的孩子无法享受临时组队游戏、骑自行车，或者下午在院子里疯跑着玩捉迷藏所带来的乐趣。当前社会，科技如此广泛的应用，以至于四五岁，甚至更小的孩子都可以轻松享受游戏和媒体带来的超凡体验。游戏和资讯几乎已经成为当前科技产品的主流应用，而且这种势头似乎有愈演愈烈的趋势。但在这方面，很遗憾，父母是无法与孩子们有太多共同语言的，因为我们不是在数码时代成长起来的。我们更乐于不舍昼夜地守在电视机前直到午夜里当日所有节目都播放完毕（那可是不多见的"父母解放日"的必选活动啊！），或是让自己沉浸在书籍里（如果父母爱读书的话。很遗憾，我自己没有这个爱好）。除此之外，我们必须给自己找点儿事情做，必须让自己的生活过得更有创意、更精彩。

可孩子们无须像我们一样通过上述方法感受生活。他们的所有活动都可以在手机软件或网络平台上完成，而且操作简单，只需手指或鼠标轻轻点击即可。在这个过程里，孩子们甚至无须思考。此外，科技的发展使得电子平台上的信息交互得以持续进行。因此，孩子们手持科技产品，就好像身旁多了一个虚拟的伙伴或者全天候保姆，使得他们足不出户就能在休闲娱乐的同时享受到有人相伴的安全感。

事实上，由于科技产品对孩子的吸引力实在是太强了，我们甚至需要与它们争夺孩子的注意力。这种情况是我们的父母不曾遇到过的。此外，孩子们接触电子产品有低龄化的趋势，有的孩子甚至在刚学会走路或说话的年纪就已经沉迷其中了。这种做法极大地局限了孩子的视野，对他们的发展会产生巨大的潜在影响。

当今社会，孩子们无论身处何处都能随时进行网络社交或娱乐。理论上说，他们真的可以屁股不离沙发就完成想要做的事。而他们所需的仅仅是一个巴掌大小、能揣进衣兜的电子设备。而弊端是他们不再通过真实世界的肢体运动来探索现实世界。在酷炫电子设备的吸引下，现在的孩子已经丧失了对传统休闲娱乐方式的兴趣——他们既不愿走出家门进行运动锻炼，也懒得自己动脑筋。孩子之间面对面交谈或者电话沟通的机会也越来越少了，取而代之的是，他们在约定好的时间一起玩网络游戏，或是在虚拟的世界里进行社交。到户外玩耍、追逐打闹，或者酣畅淋漓地进行体育锻炼已经不再是主流。这并不是好事。

那么，或许家长们会开始思考：科技正在毁掉我们的下一代吗？热衷于电子产品会不会损害孩子的智力发展、心理健康状况和身体发育？对这个问题的回答不一而足。因为这完全取决于家长如何控制孩子每天接触电子产品的时间。

如果我们像其他孩子所热衷的那样，任由他们将自己关在卧室里整天玩手机，结果除了会导致孩子缺钙，还会严重影响他们的肌肉发育，造成他们社交能力低下，以及缺乏毅力等。他们最终会发展成离群索居、自我封闭且因长期缺乏晒太阳而面色苍白的小"隐士"。

我的孩子在拿到她们第一部手机的时候，我一度感到无比放心。因为手机让我觉得自己从此可以随时在需要的时候联系上她们，而孩子们也可以随时联系上我。手机对我和孩子们而言，就像一条无限延长的脐带，在现实世界将我和她们紧紧地联系在一起。除非她们因为发脾气而故意关闭了手机的定位系统（是的，她们的确这么做过），否则我可以随时找到她们。这给作为母亲的我带来了巨大的安全感。这的确是科技发展所带来的便利。

不过，我需要提醒各位家长的是，我的女儿们出生在社交媒体尚未如此普及的时代。在她们年幼的时候，Facebook 和 Twitter 这样热门的社交平台还尚未问世（谢天谢地）。当时她们玩的主要是企鹅俱乐部（Club Penguin）和网娃（Webkinz）这样的多人在线游戏。孩子们通过将个人头像设置为连环漫画人物，在聊天功能非常有限的网络平台上闲逛。由于受到技术限制，那种人为营造的虚拟现实感十分有限，对孩子的吸引力也在可控范围之内（在网娃的世界里，几乎没有什么可让家长担心的内容）。然而，尽管当时针对适龄儿童所开发的网络游戏还很初级，我的大女儿仍然因为终日埋头在房间里玩游戏而导致面无血色。这种情况一直持续到某日我在晌午时分拉开她房间的窗帘，发现在日光直射下，她的面色如此苍白，我们才意识到沉迷于网络游戏对孩子产生的负面影响竟然如此之大。于是，我们二话不说，径直拔了她电脑的电源线，赶她到后院去爬树、呼吸新鲜空气。于是，她也很快地意识到自己每天在屋里沉迷网络游戏的时候错过了太多现实世界的精彩。

上面的故事揭示了科技广泛应用对于社会的核心挑战：人们需要清楚科技应用的尺度。由于孩子之间存在个体差异，所以每个家庭的应对措施也应有所不同。有些孩子天生自我管理能力较强，有的则更容易受到科技产品的吸引而沉迷其中无法自拔。对于后者，需要家长强制干预，将他们从网瘾中解脱出来。

谈到手机，我的女儿们在她们上四年级，也就是差不多9岁的时候，各自得到一部只有基本通话功能的翻盖手机。这两部手机都不具备短信与上网功能，只能接打电话，仅此而已。那时候，她们同龄人的手机也大多如此。

而这种情况没过几年就全然改变了。现在的孩子普遍很小就开始接触手机。小朋友们在放学时候用只具备通话功能的手机与父母联系的日子已经一去不复返了。取而代之的，是小学生们在校园里边走边玩支持无限数据流量与短信的最新版苹果手机。那些从我身边走过、排队等待父母来接的8到10岁的孩子里，不乏头戴价值200多美元的Beats耳机、手执潮流手机的孩子。他们手机的功能比我的还要先进。

但时代进步、科技更迭的速度就是如此之快。2015年，儿童指南杂志的调查显示，在美国，孩子最早接触手机的年龄大约是6岁。[13]如此之早啊！尽管让6岁的孩子使用电子产品听起来不可思议，但事实上，小朋友边走边玩比自己脑袋还大的平板电脑的情况也比比皆是。孩子们几乎人手一部手机。而且，请不要忘了，如果连家长们都知道有哪些儿童电子设备，那么，孩子们一定比我们更清楚地掌握了这些"情报"。这种情况更令家长担忧。

请记住，我们的孩子是数字时代真正意义上的第一代公民。这意味着，他们生活在一个人类通过数字信息互联的世界，每个人都拥有至少一部手机。这就是我们生活的世界，也是孩子们生活的世界。

所以，家长们必须认真思考如何帮助孩子平衡使用在电子产品与其他事物上的时间。因为，伴随孩子们的成长，他们会面临我们所不曾经历过的沉溺于电子产品的风险。他们需要坚持不懈地抵制来自电子设备和社交媒体的诱惑。这些情况我们幼时都不曾遇到过，所以至今也难以理解。

我们二三十年前用来消磨时间的娱乐方式对于现在的孩子已经过时，就好比我们习惯于去 Gap 买衣服，而现在的孩子则喜欢逛梅西百货。我们当时的消费选择非常有限，而孩子们的则更为多元化。但尽管儿时的娱乐手段较为有限，我们也仍然能够乐在其中。我想，有时候无知也是一种幸福吧。

身为当前科技驱动化社会的第一代公民的家长，我们在子女教养方面完全是一片空白，就像在探索未知的领域。我们是在探索着培养第一代精通科技的社会公民。而且我们中的绝大多数家长是在边摸索、边制定规则，更别提还要同时跟上科技发展的脚步、与时俱进地提升自身学习的速度。我们不仅需要知道孩子们利用手机和电脑上网到底在干些什么，还要知道如何对其进行有效的监督与指导。

对于新手家长们，这些工作都是极具挑战性的。因此，我建议家长们不要对于孩子的上网和网上社交行为过于焦虑。因为，那是属于他们这一代的文化，也是他们所成长的时代所赋予他们的权利与自由。

　　家长们也必须时常提醒自己，我们的孩子永远不会用我们的方式与朋友们电话聊天。现在的"科技新一代"之间，互动的方式与我们这一代差异之大，让习惯于用固定电话与朋友聊天的我们着实感到悲哀。我的女儿就曾经因此嘲笑过我。因为我曾建议她们拨打固定电话联系她们的朋友。结果，我的两个女儿竟然异口同声地回复我："妈妈，现在已经没有人使用固定电话了。"的确如此，这些孩子已经不再使用固定电话相互联络了。对于这一点，我们两代人之间的差异已经越来越大。现在，孩子们的教室里普遍配备了电脑；他们习惯于用手机做作业；电子教具是他们日常学习的主要工具。当代社会已经跨入了数码时代。

　　我本人是科技发展与广泛应用的坚定支持者。因为科技的进步推动了社会的发展与人们生活水平的提高。更重要的是，科技的发展让个体之间的相互联系更为密切。这对于希望密切关注孩子的家长而言，绝对是一种福音。此外，科技的进步能为孩子的创造力提供广阔的平台。不管他们喜欢艺术、音乐、设计、摄影，还是其他任何学科，都可以轻松地获取所有相关的学习资源。尽管如此，我还是认为，我们需要对科技产品的使用设定界限。因为只有明确了界限，孩子们才能准确把握适合其年龄阶段的学习与生活重点。正所谓适可而止，不是吗？

在我家，我们制定了"不在饭桌上看手机"的规矩。这个规矩到现在全家人都还在遵守。家里从年长者到年幼者都必须遵照执行。无论在家里、餐馆，还是朋友家，我们在用餐时都绝不允许有人看手机，或者玩任天堂的掌上游戏机。这已经成了孩子们的习惯和本能。每次我们外出就餐，孩子们都会自觉地相互监督，看是谁在餐桌上打破了规矩。此外，他们也绝不敢边看手机边跟我说话。做梦也别想。因为，我认为那种行为是对当事人极大的不尊重。从礼仪的角度来看，有些原则是不能够妥协的。

可惜的是，我们针对科技应用所设定的行为界限仅仅到此为止了。毕竟，我们生活在一个数字化的社会，而这个社会需要我们的孩子在学校和未来职场中通晓科技知识、熟练使用科技产品，并以此作为个人联系他人、联系社会的主要工具。这是社会发展规律使然。然而作为家长，我们不能随波逐流。我认为，给孩子们制定行为规范是十分必要的。家长的职责是划定界限，要让孩子清楚科技产品的使用范围及其正确用途。换句话说，我们得在孩子越界之时，勇于将手机或鼠标从他们手中一把夺走。只有这样，孩子们才能牢记规则。

那么，孩子们多大才适宜接触科技产品呢？这个问题很难回答，因为现在的孩子越来越早熟，对于科技产品的适应力也越来越强。

就我自己的孩子来说，她们小的时候社交媒体尚未盛行，那时候我们也允许孩子使用社交媒体。但这个世界变化太快。2006年苹果手机尚未问世，而到了2010年，苹果手机已经普及，就连三四年级的小学低年级学生中都有人使用。对于家长们来说，学会使用苹果手机并非难事，难的是实现科技知识的更迭。学会使用所有新应用程序的难度堪比在一周时间内从零基础学会拉丁语。就以我写作期间火爆全球的游戏"口袋妖怪"为例，尽管只发布了不到一周的时间，这款游戏就已经从一定程度上改变了世界。当然，其影响有好也有坏。它从一方面促进了孩子之间的交流互动，却也让很多孩子沉迷其中无法自拔。

游戏对于孩子的吸引力是巨大的，只是有时候我们意识不到。这就是家长需要实施监督，并对孩子游戏时间进行合理控制的原因。我们必须让孩子们认识到，一旦他们的游戏时间超出合理范围，家长就有权利而且一定会进行干预。如果不事先明确要求和规则，大部分的孩子会管不住自己，尽可能多玩一会儿的。

在我们家，由于大卫常年为微软公司工作，各种新潮电子产品随处可见。因此，我们格外重视给孩子们设定使用这些产品的规矩。我们深知,不管虚拟世界多么精彩,都无法取代真实的世界。因此,我们始终鼓励孩子们放下手中的电子产品,让她们积极参加滑踏板车、骑车、荡秋千、爬树、徒步旅行等各种户外活动。

我们需要制定规则,并监督孩子们执行;我们需要从小教育孩子,不能过度依赖科技产品;我们需要时常提醒孩子们抬头仰望星空,别错过这个真实世界的种种精彩;还需要教会他们依靠自身来了解社会、领悟情感,叮嘱他们千万不要身在隔壁屋,却通过手机给父母、朋友发消息(除非孩子们在客厅看电视,而您已经上床就寝,但您需要提醒他们把电视的音量调低。这时候用手机发短信息是可以的)。

我记得,当我的女孩们还在上小学时,曾经有一位家长向我抱怨她的女儿们玩手机成瘾。她向我哭诉着手机使她们的亲子关系越来越疏远,她不知道如何改变孩子们沉溺手机的状况。我提醒她,她才是改变孩子的关键。因为是她给孩子买的手机,是她支付所有的手机服务费,所以,理应是她给孩子们定好手机使用的规矩。在这个问题上,我明确地指出了她作为家长的管理疏漏。这个建议对她如醍醐灌顶。我还提醒她,孩子滥用家长赠予的科技产品,错不在孩子,而在家长。

在本节末尾,我再次强调:保护孩子免受科技不良影响,其职责完全在于家长。尽管平衡科技产品在孩子生活中的使用看起来颇具挑战性，其实并没有想象中那么难。家长只需要**坚持原则**。一旦我们合理规划好亲子时间、阅读时间、创造力时间和运动时间，科技产品的使用就会变得如其他活动一样，自然地融入我们的日常生活，而不会起到喧宾夺主的反效果。在这个过程中，家长应当掌握制定规则的主动权。如果孩子们不赞同（因为他们一定会采取各种手段进行抗争），我们就果断拔掉插销，让他们去玩石头吧。相信我，孩子们最终会适应的。

误区 13

孩子太小了，还不能干家务

现实：天下没有免费的午餐。

我记不得是谁第一个提出"天下没有免费的午餐"这一观点，也记不清他是在何种场合提出这个观点的。但提出这个观点的人，是我心目中的英雄。因为这个观点适用于与孩子密切相关的所有生活情境中。我们需要学会在生活与工作中自力更生，不但要积极培养自身的独立性，还要在与他人的互动与合作中保持自主。而孩子们越早掌握这种能力，就可以越好地适应未来的生活。主人翁意识和责任感是家长可以给予孩子的最好礼物。这种培养越早开始越好，否则，我们就是在培养好吃懒做的下一代。而那是我们绝不愿意看到的结果。

当然，很多家长都不忍心给"小忙人"们增加更多额外的负担，总认为孩子们年纪太小、不经人事且情感脆弱。这种想法大错特错。孩子们比我们设想中的更早具备自主能力。其自主能力之强也远超乎我们的想象。家长们只是太习惯于像儿时那样无微不至地照顾孩子，帮他们喂饭擦嘴（擦屁股），以至于忽略了孩子们随着年龄的增长，已经逐渐具备了自主行为的能力。在家长的眼中，孩子永远还是那个走路需要扶助、不能靠近火炉、不能指望其帮忙把瓷瓶放好的小不点儿。当然，从某个角度来看，的确如此。但如果家长能够给孩子适当表现的机会，他们在家长的合理引导下，完全有能力完成相关任务。如果缺乏参与家务劳动和日常任务的机会，孩子们会认为提供给他们的一切都理所应当。培养这样好逸恶劳的孩子是家庭教育最大的失败。因为这样的孩子会成长为游手好闲的成年人，会对社会产生负面的影响。

我从女儿们能走路、说话起，就开始引导她们承担家务劳动。我们希望孩子们重视自己作为家庭一分子的身份，因此，尽最大可能地鼓励她们参与日常家务劳动与家庭活动。久而久之，她们就对家这个她们成长的地方，产生了一种强烈的归属感和自豪感，也就是我们所说的主人翁意识。

最初，我们只是让孩子们参与一些简单的工作（当她们四五岁时），诸如将碗放入洗碗机，将脏衣服放进洗衣篮，或是试着自己穿衣服（这里我用了"尝试"一词，因为期待4岁的孩子自己穿好紧身裤有点儿不切实际）等。然后，等她们再长大一些（到了六七岁），我们再提出更高一点儿的要求，让她们完成更复杂的任务，诸如喂狗、遛狗、铺床、用洗衣机清洗大堆的脏衣服等。这样，孩子们的能力也随之不断提高了。

别紧张，上述任务都不触及儿童劳动法的界限。我们只是尝试着通过鼓励孩子参与日常家务劳动，让她们掌握必要的生活技能，为她们未来独立生活做好准备。之所以在孩子年幼时就开始这样的训练，是因为我们清楚，对于孩子来说，她们要走的路还很长，而需要她们学习的东西太多。孩子们不是生来就懂得能烘焙出完美的巧克力曲奇的调味技巧、清洗烘干机过滤器的操作步骤，或者套床笠的正确方式。这些能力都是通过常年的反复练习才能掌握的。这就是家长需要从小将相应的能力要求渗透在孩子日常活动之中的重要原因。

此外，家长们还需要鼓励孩子们换位思考，让他们从家长的角度理解参与家务劳动的意义。我不知道各位家长读者们家里情况如何，但在我家，孩子们很长一段时间以来都天真地认为，每周她们书桌旁叠放整齐的干净衣物是突然从空气中变出来的，或者可能是一群忍者小精灵在每周日清晨偷偷溜进她们房间，帮她们把衣物整理得清爽整洁，并且还带着点儿柠檬香味；她们还认为，每顿饭都是食物自己煮熟并爬上餐桌的；各种生活必需品会主动从超市来到厨房的冰箱里。这一切的发生都与家长的辛勤劳动毫无关系。因此，我们需要向孩子证明，所有这些工作都不是魔法，而是由人来承担并完成的。而让她们理解的最好途径就是，帮她们撸起衣袖，让她们自己参与其中。

在我10岁大的时候，父亲便教我使用除草机、在加油站给车加油、换车胎，以及给自己的自行车打气等很多本领。母亲也教会了我很多本领，包括用自粘贴纸制作玩具娃娃豪宅的墙壁（不可或缺的生活技能）、烘焙生日蛋糕、浇花而不至于淹死它们，等等。母亲教会我的技能与父亲交给我的一样多。学会这些本领后，我发现自己从此可以完成很多以前不能独立完成的工作，因此，我开始迫切渴望能够学习更多的知识。

我至今还记得自己在七八岁时，有一次与父母在他们最钟爱的餐馆吃饭。我苦苦央求父母和当时的餐厅服务生让我在餐馆打工。因为那时的我特别想得到餐厅的螺旋式活页订单记录本，以及服务生白得发亮的半截式围裙。我希望可以像那个服务生一样，在餐厅清理餐桌、接单，或清洗碗碟。如果能够换来那样一份工作，我甚至愿意清洗家里所有的马桶。那种强烈的渴望与赚钱无关，纯粹是我自己一种对于人生价值的追求。（请不要追问我原因。我承认那时候自己的有些想法非常愚蠢。）

而我的父母是如何回应我的要求的呢？他们在我苦苦哀求了一个星期后，悄悄地与餐厅老板和服务生商量，给我提供了一个进餐厅后厨"工作"的机会。（与其说是工作，不如说是体验。）之后，我便接到那个服务生的电话，约我当晚到餐厅后厨帮忙。这个消息对我来说绝对是个大惊喜。当我走进餐厅后厨，接过大厨与服务生递来的小白围裙和笔记本，虽然知道笔记本只是从便利店里买来的再普通不过的本子，可我心中还是有一种被认可的自豪感。要知道，几乎所有的孩子都希望得到成年人这样的认可与尊重。

他们让我记录餐厅客人的订单（其实客人只有我的父母），让我摆放餐具、折叠餐巾，往酒杯里加冰块。虽然那都是些在别人眼里无足轻重的小事，但对于我来说，则神圣得如同肩负着启动核武器的密码。这让我感觉自己长大了。正因如此，我竭尽所能地将餐厅交给我的工作做到最好。对我而言，他们对我能力的信任始终激励着我，让我相信自己可以完成任何使命。对于小孩子来说，这种信任意义重大。正是儿时的这种经历，让我后来面对任何挑战都无所畏惧。

当然，有时候孩子们面对父母交代的活儿也会产生畏难或抵触情绪。我的孩子就是如此。孩子们有这种情绪不难理解，毕竟他们还只是孩子，还意识不到家长让他们做的这些看起来平淡无奇的琐碎小事其实别有深意。完成诸如每天遛狗，或将脏衣服堆到洗衣房这样的"小活儿"是对他们能力的锻炼，也能为他们今后完成更艰巨的任务积累经验。在孩子们出现抵触情绪时调动他们的积极性，鼓励他们按计划完成工作是家长教养子女过程中的又一项重要工作。

我认为，没有什么生活技能比学会照顾自己更加重要。因为，如果我们连自己都照顾不好，又凭什么去照顾他人呢？这也是我坚持让孩子们学做家务事的另一个重要原因。在这些看似枯燥的小任务背后，是父母为孩子未来生活做准备的良苦用心。我坚信，孩子们经过长期不懈的锻炼，在步入社会、独立生活时，一定能成为独立生活的强者。

只有当孩子们通过参与家务劳动逐步了解遵守职业道德的重要性，懂得团队贡献、帮助他人，以及努力工作的意义，家长的任务才算真正完成了。家务劳动有助于培养孩子们的团队合作能力，是锻炼孩子日后生存能力简单而行之有效的方法。毕竟，世界上没有比家庭更重要的团队了。

在孩子们充分理解清理房间的意义之前，家长必须经常向他们灌输：清理房间、将用过的碗盘放进洗碗机清洗，或将白衬衫洗得洁白发亮都是非常重要的生活技能。要想长大后成为对社会有所贡献的人，需要从承担家务劳动开始做起。然而，要让孩子们理解并配合家长是一件非常困难的事。若是让孩子们在做家务与打游戏、玩呼啦圈，或上网看动画片之间做选择，他们一定会毫不犹豫地选择后者。孩子爱玩，他们天性如此。但也正因如此，家长需要从小向孩子们灌输家务劳动的意识，并将家务劳动自然地融入他们的童年生活，避免他们长大后在突然接受家务劳动任务时一时无法接受。

我的女儿5岁时，已经学会医院床单的折角铺叠法（虽然还不熟练，但已经超出了我的预期）、从车上卸载从超市采购的生活必需品、摆放餐具并帮着做饭等。我们之所以希望孩子们能够适应这些日常家务劳动，是因为如果她们不能亲身参与其中，就无法真正理解完成这些看似简单的任务需要耗费多少精力，更无法学会换位思考，站在爸爸、妈妈或他人的立场上看事情、想问题。我们认为，通过鼓励孩子承担适量的家务劳动，并以此锻炼孩子设身处地思考问题和解决问题的能力，是一种非常有效的教育方法。

此外，家长们现在也可以考虑将发放零用钱作为鼓励孩子承担日常家务劳动的激励措施。当然，孩子们现在太小，还不足以承担诸如看孩子或送报纸这样的工作，但他们定期完成部分家务劳动是绝对没有问题的。所以，为了让孩子们感受到付出辛勤劳动后的成就感，我们开始每周给她们每人5美元零花钱作为遛狗、洗碗或者倒垃圾的报偿。虽然钱不多,却足以让她们感到自己长大了,并由此产生一种巨大的责任感。当然,想拿零用钱也并不容易。因为孩子们只有坚持完成一整周的家务劳动才能领取零花钱。这种激励方式能让孩子从小就感受到父母赚钱养家的辛苦与不易。

诚然,有时候孩子们会把诸如将浴袍或毛巾挂在浴室门背后专用挂钩上这样的要求忘得一干二净。但他们毕竟是孩子,需要得到家长们不时的帮扶与提醒。我发现,通过我和大卫多年的锻炼,我的孩子们在成年后,都能够在生活和工作中独当一面,而且她们非常享受这种独立自主的过程,并对自己的创造性和自我管理能力感到自豪。我相信,您的孩子也会如此。

正所谓"不积跬步,无以至千里"。成功的关键在于勇于迈出第一步。在这里,我呼吁家长们尽早开始对孩子们的家务训练。我们需要让孩子们知道,家务劳动的意义不在于帮助父母减轻了多少家务负担,而在于培养他们乐于助人的良好道德品质。其价值无关数量,但关乎在别人需要帮助的时候主动提供帮助这种高尚的行为本身。

鼓励孩子承担家务劳动对于家长的挑战往往在于如何对孩子进行有效的指导。要做到这一点并不容易。因为家长们都清楚,孩子们除了睡觉,基本没有不让父母操心的时候。尽管他们自己并不承认,但在学习新本领的时候,他们永远离不开父母手把手的指导。

从理论上来说,鼓励孩子们承担家务劳动可以分担父母肩上的家务重担。但现实并非如此。孩子们在刚开始参与家务劳动的时候,家长们所承担的工作量反而更多。因为我们在教孩子们做饭、洗衣服或者洗碗之前,需要对他们进行相关的培训。这是每个人学习新知所必需的过程。孩子们亦是如此。

但家长们需要知道,在孩子们独立承担家务劳动前,我们帮助他们认识厨房或洗衣间的辛苦并不白费。相信我,它最终会有所回报。就拿孩子的如厕训练为例。我当然知道,让孩子们在纸尿裤里解决大小便的如厕方式比较易于清理,比起花费一整周的时间闷在屋里训练男孩使用便壶,使用纸尿裤无疑是更省事的方法。我也认识很多家长,不惜推迟自己女儿使用成人内衣的时间,以此回避其训练过程中所带来的辛苦。家长们避繁就简的心情我能够理解,但这么做对孩子和家长都没有好处。因为我们越早培养他们独立思考和自主行为的能力,他们面对生活的自信心与自主能力就越强。

很多家长并不赞同让孩子参与家务劳动的原因在于,他们认为,孩子们在独立完成家务劳动之前,需要花费家长很多的时间对其进行手把手的指导与监督。这些家长的观点有失远见。因为他们还没有充分理解"不积跬步,无以至千里"的深刻道理。

事实上,即便孩子们会否认,但做家务的确会让他们受益颇多。赋予小孩子成年人的职责会对其成长产生巨大的助推力。这种责任是家长出于对他们能力的信任,相信他们已经具备了相应的知识和能力,能够应对现实生活中的问题,是家长对其成长的认同。至少我自己是这么认为的。我打从记事起,就喜欢在父母的鼓励下参与家务劳动。因为我一直想要得到一份工作,期望父母像对待成年人那样信任我(请不要问我原因。我那时候还只是个懵懵懂懂的孩子,尚不清楚责任感为何物。所以,我当时并不知道自己在这方面已经表现得很好了)。

如果家长们都希望自己的孩子长大后能够很好地照顾自己,并积极地回馈家庭,那么,我建议大家必须抑制住内心要为孩子"事必躬亲""大包大揽"的冲动。做到这一点非常必要。因为,家长越不放手,孩子们就越难以独立。而帮助孩子学会独立生活,是家庭教育的终极目标。我知道,这个年龄阶段的孩子还太小,对父母无比依赖。因此,家长们现在还无法想象孩子长大后离开父母独立生活的场景。但那一时刻终究会到来,而且很快。

此外,在指导孩子参与家务劳动的过程中,家长们得注意不要因噎废食。千万不要因为担心孩子切菜会切到手而不让他们帮厨。要知道，切割食材是厨艺中的重要技能。孩子们未来自己做蔬菜沙拉可都指望着这门手艺呢。而且，请家长们不要忘了：做家务无关性别。男孩、女孩都需要学会做家务。就好比我的女儿们与我所在学校的男孩们一样，都懂得如何铲雪和清扫落叶；而男孩们则与他们的姐妹们一样，都知道如何折叠清洗干净的衣物，并且会用洗碗机清洗餐具。

当然了，家长们应该尽量避免对孩子的工作过于挑剔。因为孩子们把衣物叠成怎样都无关紧要。他们只需要了解紧身牛仔裤怎么穿、知道内衣放在哪个抽屉里就可以了。家长们应当充分地信任孩子，不要总是对孩子的行为指手画脚。因为那样做只会带来巨大的负面情绪，让孩子觉得您是个教条刻板的人而不愿与您相处。相信我，我自己也在女儿们小的时候努力地与试图调教她们的冲动斗争过。我深知其中的艰辛。但正是因为我成功抑制住了自己的不良冲动，才成就了孩子们如今的独立成长。她们现在都独当一面且非常有主见。

如果我们不教会孩子独立自主，或对自己小小世界里的所有事物负责（诸如他们的玩具、衣物和房间等），他们会觉得父母提供给他们的一切都是理所应当的，接受起来更是心安理得。没有人会喜欢这样的孩子——他们认为自己就应该坐享其成，一旦不如所愿，就会大发脾气。

我在学校任职的时候，每天都会见到这样的孩子。我记得有个小女孩，她做完游戏后从来不收拾工作台。她认为自己完成剪贴作业后就可以径直离开，之后自然会有同桌的其他小朋友去替她清理乱糟糟的桌子。

我也清楚地记得，当她再一次这样做时，我要求她自己去清理桌面。而她瞧着我，惊奇地问："为什么要我做？其他人可以替我收拾呀。"然后，她自然而然地指了指同桌的其他孩子。后来，我通过追问才了解到，这个孩子在家制造混乱的时候，她的妈妈总是为她收拾残局。久而久之，就养成了她这种不负责任的性格。

最后，也是最重要的一点，我需要提醒家长们，一定要顺应孩子的天性。孩子们小的时候，会努力完成父母交代的所有工作，无论"工作"内容是什么，或者难度有多高。这一点家长必须清楚。这就对父母提出了很高的挑战，因为父母需要在不影响孩子学习、休息与自由活动的前提下，把握家庭劳动任务的尺度与界限。但就像我说的，孩子们身上的潜力无可限量，远远超出了家长，甚至他们自己的预期。更重要的是，他们不管面对什么挑战，总是能够灵活应变。这意味着，家长需要从小挑战孩子的能力。如果家长们不这样做，孩子就永远学不会勇于挑战自我。这样的孩子长大后注定是好吃懒做、游手好闲，到了 27 岁还生活在地下室里的失败者。那才会是父母一生的悲哀。

误区 14
—
孩子天生占有欲强

现实：分享推动社会发展。

有时候，人必须学会分享。哪怕有时候分享并不是出于我们本身的意愿（诸如将切下来那块带有艳丽奶油花造型的生日蛋糕分给别人，或在道德驱使下主动将自己的火车座位让给孕妇），而仅仅是出于社交的需要。然而，不是每个人都具备分享的能力。教会孩子学会分享也是一件超级困难的事。但我认为，分享是远比其他技能更为重要的关键生活技能。孩子不管愿不愿意，都必须掌握这项技能。

在现代社会，基本上所有人都已接受了社会高度互联的现实。因此，即便大家不是出于本身意愿，也会主动与他人分享资源。但我们是成年人。成年人深谙分享这一行为的重要性和必要性，因此普遍认同分享是人类一项不可或缺的重要能力。但这个概念在一群由年纪不大的孩子参加的篮球比赛，或者呼啦圈比赛里就完全不适用了。孩子们才不会与他人分享，比赛一定是场混战。这是因为，学会放弃原本属于自己的，尤其是自己喜爱的事物，对谁都不是件容易事，更何况未经人事的懵懂孩童呢。

因此，家长应该像培养孩子其他的生活技能一样，不断有意识地训练孩子与他人分享的能力，并且要让孩子们意识到，学会与他人分享将会是贯穿他们一生的必备技能。我们从小就开始训练孩子们的分享能力。因为孩子们天生具备推搡大脑、相互拉扯头发和心理崩溃的特质。因此，每当您因为特定原因将孩子们招呼到一起，他们一定会因为发现对方有自己没有的东西而情绪爆发。所以，我们认为，孩子之间学会相互分享是家庭生活不可或缺的一部分。而关于分享的教育，越早开始越好。

我们都清楚，蹒跚学步时期的幼儿绝不会轻易放弃自己的东西。这一点，所有有过育儿经历的人都会深有体会。这个年龄阶段的孩子都是些以自我为中心、自私的小家伙儿。但我们期望，这些痛恨将自己玩具交给别人的小家伙儿能最终成长为慷慨无私、成熟的学龄前儿童，或者乐于分享的成年人。问题在于，这种改变不会像我们期待的那样轻易发生，往往需要很长时间。这是因为，对于幼儿来说，分享这个词及其承载的理念都是毫无意义的。至少在当前的年龄阶段，他们还理解不了，为什么需要放弃自己的玩具娃娃，或者要与其他小朋友轮流荡秋千。

我的意思是，孩子们终有一天会明白分享或者让别人有机会使用自己资源的道理。尽管家长们强烈希望孩子们的认识可以瞬间改变，但大家也都清楚，这种改变需要时间。分享是一种习得性技能。这种能力的塑造需要经历教育—行为强化—再教育—再次行为强化，这种看似永无休止的循环往复。这意味着，家长们需要不懈努力才能将分享的理念灌输进孩子们的小脑瓜里。

Parents.com 网站上的专家研究表明，从理论上来说，孩子们不太可能在 5 岁之前充分理解分享的概念。[14] 无独有偶，5 岁恰好也是孩子们开始上学，开始与其他不善分享的同龄人频繁互动的年纪（时机正好）。家长们别担心，孩子们的可塑性非常强。他们就像是培乐多黏土，家长将他们捏进什么样的模子里，他们最后就会定型成什么样子。

家长在培养孩子分享能力的时候需要讲究策略，同时尽可能地采取创新性的方法。这就好比当我们想方设法地要在孩子的午餐中加入蔬菜时，有的家长会将蔬菜切碎混入其他食材，然后做成其他样子，这样孩子们就发现不了了。

我们在培养孩子重要的生活技能时，也可以采取同样的办法——可以采取游戏这种孩子喜闻乐见的方法，将生活技能的培养融入游戏中，达到"润物细无声"的教学效果。例如，让孩子们记录自己为他人开门的次数、说"请""谢谢"等礼貌用语的次数、在家洗碗的次数，或者在亲子活动日与其他小朋友分享玩具的次数等。每次当孩子们有所进步，我们都要像鼓励孩子吃菠菜那样，通过激励性的语言或奖励泡泡糖的方式来表达赞许和鼓励，利用这种方式来激励孩子继续保持好的行为。

很遗憾，并不是所有人都具备分享的能力。很多不善分享的人（包括儿童和成年人）是别人怎么教都教不会的。但作为孩子的母亲，看到这样的情况只会更加坚定我培养孩子分享能力的信念。希望各位家长也能像我一样。

年幼的孩子拒绝与他人分享是非常常见的现象。学会分享是孩子学习和成长的重要组成部分，需要时间和家长的耐心。因此，家长们普遍会做好相应的心理准备。但我也曾与完全没有分享意识的成年人打过交道，那种经历比幼童更让我抓狂。有的时候，我真希望自己可以抓着他们的肩膀摇醒他们沉睡的心灵（所幸我素来与人为善，从不愿与他人起争执，所以这些只是我脑中的幻想而已）。这些人可能是您在购物中心的停车场耐心等待某个车位已经长达5分钟了，偏偏视若无睹地抢在您前面挤进去，全然无视旁边通道里还有很多空着的车位的可恶家伙；可能是您的某些朋友，在外出就餐时总是与您争执不休，决然不肯放弃自己的念头；也可能是您的某些同事，总是在大家拼车上班的时候迟到；或是咖啡厅里那个永远谈论自己却毫不关心您的同性朋友；甚至有可能是您的丈夫，总是霸占着电视遥控器，不肯给别人换台的机会（大卫，我说的可不是你。别担心！）。当您看到他人，尤其是成年人这种自私的行为时，心中一定会涌起深深的失望。

我想说的是，家长总是期待孩子们学会分享。因为大家普遍认为孩子天生具有强烈的占有欲，很容易迷恋一些事物，因此，教会孩子合作与分享比教成年人更为困难。而对于孩子来说，他们会偏执地坚信，朋友的天行者卢克玩偶是世界上唯一能让他们开心的东西。因此，他们完全无法接受要与自己心爱之物分离的事实。这是完全可以理解的。但成年人与孩子不同，我们是否能够树立良好的行为榜样完全取决于我们自身。为了我们的下一代，我建议家长们以身作则，为孩子们做出表率。

为此，我选择在女儿们上幼儿园处于心理敏感期的时候，经常有意识地在全家一起看电视的时候将遥控器让给大卫。我提前声明，这并不是因为我不再爱看美食频道的节目了，而是我在刻意地向孩子们示范正确的行为方式。除此之外，我还精心设计了很多类似的场景，诸如在自己超级想吃意大利餐的时候，仍然坚持征求其他家庭成员的晚餐意见；或者总是允许孩子们在车里随意播放她们喜爱的音乐，尽管有的曲子听起来是对耳朵的痛苦折磨。大卫和我就是从这些看似微不足道的日常细节着手，向孩子们示范如何进行分享的。当然，有时候孩子们仍旧会拒绝分享并因此大发脾气。这也从另一个角度证明了"所有人都必须学会分享"这一理念的现实必要性。

但教养技巧并不是每次都会奏效。孩子们破坏规矩与遵守规矩的概率总是各占一半，而分享似乎是他们最容易遗忘的一条规矩。这也就是为什么我两个女儿之间的互动经常以其中一方大哭大闹而收场。原因总是出奇的简单：要么是她们其中一个不准许另一个躺在客厅的靠椅上看电视；要么是她们相互不让对方坐汽车的副驾驶位；要么是她们其中一个总是霸占着所有的沙滩玩具，诸如此类。这些情况难以避免。但作为家长，不论培养孩子的道路有多么坎坷崎岖，我们都应该坚持正确的教养原则。只要能坚持下来，后面的路途一定会变得平坦。正所谓"无限风光在险峰"。为了能看到最美的风景，路途上所有的辛苦付出都是值得的。

学会分享是另一项孩子们需要时间来领悟的优秀道德品质。我并不是过于乐观，只是想诚实地告诉大家，分享对于所有人来说都是一项永恒的修炼。我们每个人都在不同程度上不断地与他人分享，包括空间、时间、友情和观点在内的诸多事物。因此，我们必须学会分享，并且善于分享。否则，生活中就会遇到很多障碍，影响我们与他人之间进行有效的沟通与互动。基于这个原因，孩子们越早学会分享越好。

那么，家长们应当如何帮助孩子形成乐于分享的意识与能力呢？如果孩子拒绝把自己的芭比娃娃让给别人玩、不愿与其他孩子分享碗里的葡萄，或不同意与其他孩子轮流当击球手，家长该如何应对呢？这时，我们要像教授孩子其他生活技能那样，按部就班。首先，向孩子说明分享的重要性，然后设定期望。在这里，家长需要注意，孩子会对父母强迫他们做的事产生抵触心理，所以千万不要勉强他们进行分享。家长应该通过宣传分享的意义来提升分享的感染力。例如，分享会给自身带来心灵的满足，也会给其他人带来快乐等。更重要的是，分享会产生积极的社会影响，会激励其他孩子参与到分享的队伍中来。家长应当随时随地鼓励孩子们进行分享。此外，家长应当引导孩子学会分辨什么场合适合进行分享，什么场合不宜分享。这就是我们的教育策略。

我们可以使用计时器来合理划分时间。如果孩子不能在指定时间内进行分享，我们就将他们难以割舍的物品暂时拿走（注意，不要惩罚孩子！只把他们始终无法放弃的物品拿走即可）。然后，我们应当帮助孩子们分析道理，直到他们明白：霸占物品、不与他人分享是错误的行为，并且学会轮流使用该物品。在整个过程中，家长应当始终保持积极鼓励与引导的心态。此外，家长需要有意识地为孩子树立行为榜样，并确保孩子看到父母的行为示范，这样才能将示范的教育效果内化。

事实上，拥有别人没有的东西是优越感的一种表现。孩子在其成长早期就萌发了这种心理状态。这也是我们必须营造一种鼓励分享、乐于分享的环境的重要原因。因为如果我已经上二年级的女儿连跟她的好朋友苏西轮流玩美国娃娃玩具都做不到，她以后如何能在工作或生活中与他人进行合作呢？这是我们必须面对的残酷现实。

最初，我们会觉得让别人碰自己的东西，或者看到别人有自己渴望的物品都是种痛苦。成年人尚且如此，更不要说年幼的孩子。但我们必须让孩子认识到，和他人轮流共用某件物品并不意味着永远失去了该物品。理论上来说，我们仅仅是将该物品的使用权暂时让渡给他人，然后两个人你来我往地交替使用该物品，而不是永久地丧失对该物品的所有权。这是我们需要重复提醒孩子们的关键思想。

同时，家长们需要清楚，孩子们无须分享一切（我知道这听起来有点儿违背常理）。家长应当允许孩子们将部分具有特殊意义的物品"专有化"（就这一观点，我女儿的理解有些偏差。她们认为自己的每一件所有物都在她们的成长过程中具有特殊意义,因此,都不能与他人分享)。平心而论,拥有一些专属于自己的特别的玩具、玩偶娃娃或衣物并不是件坏事。因为这关乎尊重。我们应当意识到,即便生活在大家庭的环境中,家庭成员之间相互借用或共用一些物品的情况也很常见,大家应该适当保留对于一些特殊物品的所有权,因为并不是所有物品都需要拿来公用。此外,人与人之间,尤其是亲属之间,应当保持适当的界限。每个人都应该拥有专属于他的独立性与个人空间。

对于独生子女家庭来说,家长们当前最担心的问题是家里的"独苗苗"长大以后能否学会分享。因为独生子女没有与其他孩子争夺资源的顾虑,家长们担心在这种家庭环境下成长起来的孩子会不懂得如何与多胎家庭成长起来的孩子打交道。对此我深有感触。因为我就是家里的独生女,家里没人与我竞争,所以从小到大,家里所有事情都是我说了算。

长大后,我从多年来与母亲的对话中得知,她一直非常担心我被宠坏,长大后变得骄傲放纵。老实说,独生子女有这个潜质。很多人听到"独生子女"的字眼后第一时间就会将它与放纵、自我为中心、情感脆弱等性格特征画等号。在过去的几十年里,不计其数的人告诉我,当他们发现我是家里的独生女时,震惊之情简直无以言表。因为我乐于分享,善于关注他人的感受,擅长团队合作。而这一切都不是独生子女的典型特征。我很庆幸，我的父母从小注重培养我分享的能力。

尽管身为独生女的我无须费尽心思博取父母的关注，不用与兄弟争抢电视遥控器，也不必将最心爱的呼啦圈借给某个姐妹，但我从小就懂得，太阳并不总是围着我转。父母总是教导我：世界很大，人与人之间需要和谐相处。没有人会关心你是成长于独生子女家庭还是多子女家庭，大家只关注你是否理智、善良、懂得为他人着想。因此，在说话做事的时候必须认真考虑他人的感受，做到言行举止得当。

我认为，为他人着想这样的性格品质并非遗传所致，而是一种后天习得的能力。这一点我们受到长辈的影响很大。在家里，父母会设定家庭教育基调。随后，孩子成长的每一步也都会被所处的环境文化烙上深深的印记。虽然我并不在乎孩子的成长环境与他们所拥有的物质财富，但孩子的性格气质受到环境影响这一论断所言不虚。而这个环境的塑造是由家长所决定的。

所以，如果我们培养出来的孩子骄傲放纵、惹人讨厌，完全不懂得分享也从不顾及他人的感受，那么作为家长，我们就该好好反思一下，问题出在哪里。也许我们应该照照镜子。因为问题可能就出在我们自己身上。

如果家长不强调玩游戏时大家要轮流来，孩子们可能永远也不会相互传球；如果家长不强调朋友之间要相互友爱、相互谦让，孩子们会永远相互打闹；如果家长不强调团队活动所有人都必须参加，小家伙儿们肯定会把某些孩子挤出队伍。事实就是这样。

在学校工作的这些年里，我见到过无数被宠坏了的孩子。他们上绘画课的时候会霸占所有新的彩色铅笔；玩威浮球被三震出局时会大发脾气；午餐时一旦不能与好朋友坐在一起，就歇斯底里；还有的孩子甚至不习惯与其他孩子围坐在一起大声朗读。这些孩子自私的表现不一而足。但我可以非常负责任地告诉大家，我通过与孩子及其家长沟通后发现，这些孩子之所以粗鲁、自私、趾高气扬，完全是因为受到他们爸爸妈妈的影响。有怎样的父母，就会有怎样的孩子。

在这个世界上，总会有人与我们有着相同的需求与渴望。这就是为什么家长需要教育孩子学会体谅他人、学会换位思考。我们可以在玩沙盘游戏时教育孩子放弃自己看中的球洞，将进球的机会让给其他人，从而培养孩子宽容大度的性格。这种性格有助于他一生的发展。

家长应该本着为孩子树立榜样的目标，通过相互提醒、相互配合，身体力行地做到轮流调控电视频道、分享汽车音乐以及承担家务劳动。因为不管我们自己是否意识到，孩子们都在身旁看着我们。他们观察我们的举止、倾听我们说话，并大量模仿我们的行为。因此，家长作为良好行为的首要示范者，必须时刻提醒自己，规范自己的言行举止。毕竟，有其父必有其子啊！

误区 15

孩子一旦落后，就永远赶不上其他人了

现实：孩子们并非在同一天学会骑自行车。

作为家长，我们总是爱拿自己的孩子与他人做比较——有时与其兄弟姐妹比，有时则和孩子身边的同龄人比。在孩子们入学后，这种倾向则更为严重。我们无法抑制自身这种比较的冲动，总是有意无意地拿孩子的兄弟姐妹或是其他同龄人作为他们发展的衡量标准。这一方面是出于我们了解其他孩子成长、发育和适应社会能力的需求，因为我们希望让自己的孩子跟上同龄人的发展脚步；另一方面，可以说，恐怕是我们自身的好胜心在作祟。"绝不能让简的

孩子比我家孩子更早学会扔掉游泳圈游泳!"诸如此类的想法,相信家长们一定不会陌生。

家长们是否曾经无数次地问过自己:为什么我的孩子还没学会阅读?史密斯家的孩子怎么可能已经开始阅读5级水平的书籍了?为什么我的女儿还没有学会骑双轮自行车?我的儿子怎么就打不到一垒呢?为什么我的孩子比班上其他孩子矮?身为母亲,我自己也曾有过类似的念头。家长有这样的想法无可厚非。如果哪位家长否认自己有这种想法,那纯粹是在撒谎。但家长们一定要避免当面质疑孩子无法达到同龄人水平的做法。那是家庭教育的大忌。

当然,夫妻双方私下里交流关于孩子在社交、情感以及学业发展方面的看法是没有问题的。因为随时关注孩子的发展动向、确保他们与同龄人保持一致水平,是父母的职责所在,也是良好家庭教育的重要内容。但如果父母当着孩子的面这样做,就大错特错了。因为这种行为是在向孩子们传达一个错误的信息:他们不能以自己适应的速度来发展。这相当于是在告诉孩子,他们不合格。如此一来,将直接摧毁孩子的自尊心。

身为家长,我们都希望自己的孩子在各方面都做到最好——希望他们学业、事业成功,生活顺利,在各个方面都表现出色。然而,我们需要认识到,孩子们无须通过效仿他人的步调来实现这些人生目标。他们只需要遵循自己的发展节奏。一味地揠苗助长只会平添父母与子女之间的隔阂与敌意。根据他人的标准给自己的孩子设定不切实际的期望,是邯郸学步的不智之举。为此,家长们应当学会接受孩子的发展现状,要让孩子感受到来自家长的支持和耐心。因为只有感受到了父母的支持,他们才可能开始绽放光芒;相反,如果他们始终感受不到父母的支持,内心的城堡就会崩塌——他们会开始关注和盲目效仿其他人,自卑心理也会显现。

在学校工作期间,我曾目睹无数家长因孩子没有入选校队、没有获得荣誉学生称号,或者没有获得最有价值球员的奖章而将孩子数落得一无是处。这种情景让人心痛。曾有个一年级的小学生找我倾诉,他觉得父亲因为哥哥能把球投得更远而偏心哥哥。我还知道许多姐妹会被其父母公开比较。这些家长毫不掩饰地期望妹妹和姐姐参加同样的体育运动,并且达到与姐姐同样的竞技水平,而丝毫不在意妹妹自身是否喜爱这项运动。这些家长的做法除了会让孩子产生焦虑,还让姐妹之间形成原本或许根本不存在的竞争对立关系。

就像我在孩子还小时在公园里偶遇的那个父亲一样。他与我一样曾是足球校队成员,因此毫无避讳地向我吐槽他对儿子的不满。他觉得自己的儿子球技太差,甚至不如他的女儿。为此,他始终无法释怀。而我那时满脑子都在想,这个可怜的孩子,为什么总要生活在父亲的这种阴影下。我还见过一个做体操运动员的母亲。我做翻滚练习时坐在她旁边。她总是抱怨自己的女儿连侧手翻的动作都不会做。这个母亲让她的女儿在所有人面前感到无比难堪。每当女孩从她面前翻过的时候,她都要严厉地批评女孩。那些尖刻的话语在我听来都觉得刺耳,我很难想象她的女儿心里会是何种滋味。这个女孩后来没有再坚持练体操,而我对此毫不惊讶。

令人悲哀的是,比起关心孩子是否真的感到快乐,很多家长更为在意孩子能否表现出色,或是比同龄人优秀。这可能是因为家长们都有好胜心——他们将自己未完成的希望投射在孩子身上。如果自己年轻时是篮球队队长,就希望自己的孩子特别擅长灌篮。而一旦孩子没有表现得如他所愿,他就觉得自己教育失败,甚至感到枉为人父。

作为成年人,我们需要意识到,来自父母的赞许与来自父母的批评一样,会对孩子产生重要的影响。当然,孩子们对于批评的记忆会更加深刻。这也正是父母们需要鼓励孩子巩固优势,并且帮助他们弥补弱点的原因。我们需要帮助孩子们学会对于自己喜欢的事物倾注时间、付出努力。即使他们的追求与我们所期望的不同,我们也要学会接受。

简而言之,我们都要放轻松。不管孩子们能否将球扔得和其他孩子一样远,他们都很棒。即便他们不能像其他小朋友一样在同一天学会凫水、不能在三年级时画出大师级的作品,也没什么大不了的。

您一定听说过大器晚成吧?我的大女儿就是这样。其实应该说,她现在特别棒。不是我吹嘘,她在大一那年就入选了优秀学生名单,并且积极投身于各种课外活动。她一年的课外活动量比我们家其他所有成员的运动量加起来还要多。我之所以提到大女儿的例子,有一个特别的原因——在雷莉上学前班,我们第一次参加家长会时,她的老师曾建议我们给她办重修。因为雷莉总是固执地按照自己的节奏行事,不愿听从老师的安排。这种情况被老师们戏称为"雷莉时间"。有时候,当其他小朋友都开始转向其他活动了,她还是不愿意停下手头儿的活动。其实这个现象对于4岁的孩子来说很正常,但当时老师们认为她可能会落后于其他孩子。

为此,大卫和我反复商量对策。我们担心如果不及时阻止她,会让她未来的发展备受阻碍。但最终,我们还是让步了——决定不让她重复念幼儿园,而是直接上小学。我们认为,每个孩子的成长速度不一样。如果在孩子还没有跨进小学校门的时候就对她下结论,未免为时过早。所幸的是,我们的决定是正确的。因为我们的女儿最终在学校里找到了她的节奏。

此外，还值得一提的是：雷莉在上八年级之前还只会画简笔画。但由于她对艺术学校并不感兴趣，我们并没有特别在意她是否能像其他小朋友一样临摹静物，反倒是让她学习小提琴和滑雪。而在这些领域，她进步得很快。我认为，兴趣成了她进步的关键。当孩子们开始主动探索自己感兴趣的事物，他们内在的学习动力便会被释放出来，成为他们进步的助推剂。雷莉还从幼儿园起参加了足球队，并且一直坚持到高中毕业。她超级热爱这项运动。她喜欢大卫当她的私人教练，更喜欢跟朋友们每天在空旷的足球场上奔跑的感觉。虽然在参加过的所有常规赛中从未破门得分，但这并不能阻挡她对足球运动的热爱，也丝毫没有影响过她的情绪，反倒更加激励她积极地尝试其他运动项目——她在进入高中后决定加入越野跑队。您可能无法想象，那个高一时候10分钟才跑1英里（约1.6千米）的孩子，高三时候已经成为学校的越野跑队队长了。高中毕业时，雷莉已经可以达到6分钟跑1英里的水平。

更令人无法想象的是，在八年级学年过半时，当雷莉的画友向她介绍了肖像画的基础技法，雷莉的人生从此改变。她心中的艺术热情被彻底激发了。直到她在高三的时候被举荐成为美国国家艺术荣誉学会的成员，我们才发现，她小小的身躯里还潜藏着如此惊人的艺术天分。在这之前，谁想过一个只会简笔画的孩子会有如此的艺术成就？这恐怕从另一个方面证明了，个体，尤其是孩子的发展是存在差异的。有时候，种子不发芽仅仅是因为季节未到而已。

这也对家长们提出了挑战。因为有时候，家长们很难分辨孩子是学习吃力，还是尚未找准适合自己的学习节奏。事实证明，有时候孩子们学业表现不佳，仅仅是因为还没有找准自己的学习节奏，或者压根儿不感兴趣，并不是他们的智力有问题。因此，家长们需要坚信孩子具有发展潜力，同时，需要对孩子进行细致的观察。

身为父母，我们的主要职责之一，就是教导孩子不要随波逐流，更不要在意旁人的眼光，要勇敢追求心中的梦想。我们要告诉孩子，自己的人生必须自己做主，并始终鼓励他们追寻适合自己的独特发展道路。与此同时，我们还要提醒孩子，努力的过程最重要，一切尽力就好。相信我，作为一个足球队员的母亲，我曾经见过无数个在球场上来回奔跑，却始终抱怨自己痛恨足球的迷茫的孩子。他们真心喜爱的往往不是足球，而是游泳、篮球，或是滑冰。但不知是何原因，他们被父母逼着踢足球。

读到这里，请家长们不要误解我。我并不是在建议一个六七岁的孩子不切实际地去学开公共汽车，然后全力以赴地投入公交事业。孩子就是孩子，大部分时候，还是需要父母为他们把握方向。我所说的是，在家长为孩子提供机会接触新鲜事物并鼓励他们进行尝试后，如果孩子表现出不喜欢该运动或活动的倾向，家长应该充分尊重孩子的意愿。当然，一旦孩子参与运动，家长应当教育孩子全力以赴、认真履行对所在团队的承诺。但活动结束后，如果孩子仍然觉得不喜欢这项运动，他们有权利尝试其他的运动项目。

家长们需要注意，一旦我们让自己的孩子融入团队活动中，就会发现，自己开始不由自主地将孩子与其他孩子进行比较。如果您出现了这种倾向，别紧张，也别害怕。因为所有家长都不同程度地这样做过。

大家一定都听说过"这山望着那山高"这一古老的谚语吧。这句话寓意深刻。因为它揭示了人类从远古时期就开始将自身与他人进行比较。可见，攀比是人类的天性使然。

人类通过相互比较来更好地了解自己——我们的身份、我们的发展目标、我们的喜好憎恶等。但需要注意的是，人与人之间的评价，尤其是对孩子的评价，需要拿捏好尺度。因为比较与批评往往只有一线之隔，但它们之间存在着巨大的差异。

家长们都希望自己的孩子与其同龄人保持同等的发展水平，不要落后。怀有这种心理期待很正常，家长们无须为此耿耿于怀，但需要牢记一条原则：儿童的能力特点不同、发展节奏不同、发展的关键时期也不同。如果家长关注到这三个"不同"，就足以应对儿童在该发展阶段中的很多问题。

我见到过很多父亲冲孩子嘶吼，嫌他们跑得太慢追不上球；也听见过不少母亲责骂自己的孩子不能像其他守门员那样守住球门。每次见到这种情况我都感到无比愤慨，因为这样做会让孩子觉得自己是个没用的废物。

大卫作为足球教练，执教了整整二十个赛季，而我则从2012年开始带队训练越野跑。我们都见到过自己的队员因为进球不够多、跑得不够快或者不努力等原因而遭到父母的责骂。每次遇到这样的情况，我们都会难以抑制内心的愤怒。家长需要给自己，也给孩子一些空间，不要总拿其他孩子的标准来评价自己的孩子。因为，孩子们最终会达到他们应有的水平，只是有时候每个人的进度不同而已。家长一味地威逼、恐吓，往往只是揠苗助长、事与愿违罢了。

既然家长们都清楚不能将自己的孩子与他人做无谓的比较，那么也应该明白，我们更不能当着孩子的面进行比较。这种做法不仅会在孩子心里留下难以磨灭的伤痕，还往往会适得其反。这是由于过分比较会导致孩子产生严重的自卑情绪，而年幼的孩子很难承受这种负面情绪。可以设想一下，一个小时候就时常觉得自己技不如人的女孩，长大成人后八成会极度缺乏安全感，且经常自我怀疑。我们都清楚这种达不到某种期待时候的内心空虚感。这种情绪有时甚至会将人摧毁。

现代社会里，有太多的家长担心自己的孩子表现得不如同龄人。我记得一位女性朋友在看到我女儿雷莉5岁就能阅读初级读物时，惊叹不已。但同时，她沮丧却又愤怒地抱怨，自己的女儿虽然比雷莉还年长一些，却还不能读整句的话。在看到自己孩子的阅读水平不如别人的时候，她甚至动了送女儿去做学习能力障碍方面测试的念头。简直是疯了！而最可怕的是，这位母亲毫不顾忌孩子的心情，当着她女儿的面直接说出了自己的想法，这严重伤害了孩子的自尊心。

无须多说，我和在场的其他母亲立刻打消了她企图送女儿去学校特殊教育委员会的极端念头。而且我们提醒她，孩子在某些领域超常或稍微逊色于同龄人的现象十分正常。通过父母的悉心指导与学校的教学支持，这些孩子很快就会追上其他同龄人（这里补充说明一下，上文提及的那个女孩与我的女儿在几年前同时高中毕业。她随后进入了常春藤盟校接受高等教育）。

很不幸的是，很多家长的潜在问题是他们总将自己孩子逊色于同龄人这件事个人化。就好比如果他们的儿子不能投中罚球、画不出来像样的房屋图形，或者自己的女儿不能像其他女孩一样玩呼啦圈，就会让他们很尴尬。所以，当他们的孩子频繁被拿来与其他同龄人进行比较时，他们会不自觉地产生一种不安全感。而这种不安全感往往是导致他们给孩子施压的心理根源。

　　同龄人之间比较的方式有助于我们了解适龄儿童的智力与行为表现,其本身并不是一件坏事。但如果家长将这种日常观察演变成吹毛求疵和批评指责,就会导致孩子的灾难。

　　研究表明,5~8岁是儿童重要的成长发育期。但这不意味着所有的孩子都能够在同一时间达到同等的能力水平,或者他们的发展速度是一样的。请记住,每个儿童个体的发展都具有其独特性。因此,如果您发现自己的孩子秋千不如其他孩子荡得高,请千万不要因此给自己过多的压力。

　　只有家长们走出"自己孩子必须与其他孩子发展同步"的误区,孩子们才能够平等发展。孩子们需要知道,父母容许他们以自己能够接受的方式和节奏发展。只有这样,他们才能够在没有外界不公平期待的环境下自由成长。

　　由于当今的家长过于重视培养孩子超越同龄人的能力,有时候难以把握应该何时放手让孩子们自由发展、何时适当干预。对于家长而言,没有哪个父母愿意看到自己的孩子落后于周围其他的同龄人。但是,要做到"张弛有度"非常困难。很多家长也因此深陷误区无法自拔——他们为了让孩子超越其他同龄人,不惜精心策划、一手包办孩子所有的学习计划,让孩子在巨大的学习压力下无法喘息,自己则全然不在意孩子是否做好了准备。由于儿童的发展过程中有太多里程碑式的关键节点需要家长和学校共同关注才能顺利度过，以至于很多家长过于关注孩子发展水平的"应然状态"，而忽略了孩子当前的实际发展水平。

家长是孩子的第一任老师。如果家长在孩子尚未准备好时就对他们提出过高的、不切实际的要求，实际上是在为孩子未来的失败埋下伏笔；如果家长不停地拿自己的孩子与其他孩子比较，孩子们会产生巨大的自卑心理；如果家长由于孩子无法跟上同龄人的优异表现而苛责他们、对他们妄下评论，则会毁掉孩子的自尊心。因此，尽管家长总是认为自己给孩子安排的就是最好的，我们也应该学会尊重和适应孩子自身独特的发展节奏。由于孩子出生时不会自带"产品使用手册"，家长要把握孩子的发展节奏，则需要经历一番长时间的摸索与痛苦尝试。

家长们需要明白，有的孩子不会爬就能站立行走；有的孩子幼儿园时期就能独立阅读；有的孩子第一次使用尿壶就能学会如厕，而其他孩子则很长时间都会将屎拉在裤子里。但不管孰先孰后，孩子们最终都能掌握这些技能。尽管他们的发展节奏受到基因的影响而有先后之别，但家长们应该接受这些差异，停止无谓的相互攀比。相信我，孩子们一定会为此而感恩的。

误区 16

智商比情商更重要

现实：情商比智商更重要。

作为家长，我们在抚养孩子的时候会有各种各样的愿景。我们祈祷他们能拥有健康的体魄、完美的性格和优秀的社交能力。我们希望他们天资聪慧、灵活机智、心地善良，天生就知道如何保持房间干净整洁。但当您仔细剖析这些愿景时，有两种能力是必选项，至少于我而言如此——那就是情商和智商。

Pychcentral.com 网站提出："情商是积极与有效地识别、应用、理解和管理情绪的能力。高情商能够帮助人们有效交流、降低焦虑和压力、淡化冲突、增进人际关系、与他人共情，并有效克服挑战。情商直接影响着我们的言行举止与人际关系，也进而关系着我们的生活质量。"[15]

那么，考虑到高情商所带来的诸多益处，为何我们不将培养情商作为儿童教养的首要任务？

当今社会，人们普遍认同，情商和智商是人类最为重要的品质。孩子未来成功与否很大程度上取决于情商和智商的发展水平。问题是：情商和智商谁更重要呢？我们一直以来最为重视发展的那个真的最为关键吗？

父母们从小就教导我们：教育决定一切；在学校要好好听讲，考试要争取好成绩，只有这样，你未来才能有所成就。其主旨大意是说，好的教育会引导我们走向光明的未来。这个观点没错。但作为一个母亲，我的经验告诉我：孩子的成长和成功需要具备很多关键的品质。而会读书，只是其中的一种。幽默也是，不过可能不是最重要的那种。

在我看来，情商是最被人类低估却最为关键的品质。试想一下，如果一个孩子在说话时都不能直视对方的眼睛，就算他是门萨俱乐部的会员又有什么值得骄傲的？如果他没有共情的能力、不懂得如何培养友情、缺少体恤他人感受的能力，那智商再高又有什么用？因为上述所有能力对个体的发展都至关重要。也许有人会说，这些是最重要的能力。我无比赞同。但我始终认为，若非亲自抚养孩子，我们绝对无法理解情商对于生活的重要意义。

《情商 2.0》（*Emotional Intelligence 2.0*）的作者特拉维斯·布兰特百丽女士，以及 Forbe.com 网站的特约撰稿人也都赞同我的观点。布兰特百丽女士甚至认为，情商是思辨能力的基础——它烙印在个体的所有日常言行中。情商也是职场表现的最大预测指标，是领导力和个人卓越表现的核心内驱力。[16]

养育两个女儿，一路看着她们成长、看着她们尝试与他人沟通，让我逐渐意识到培养孩子与他人打交道、解读社交暗示、表达自我、认识情绪、展示表情，以及适应人事环境能力的极端重要性。因为我亲眼见到过许多反面案例。

我见过不能控制自我情绪的孩子。并不是因为他们的行为出现了问题，而是他们缺乏健康的情绪管理能力。我接触过无法与其他孩子建立情感联系的孩子，其实他就是读不懂其他人的感受。我还见过不少孩子失去一个又一个朋友，就因为他们不懂得收敛自己的情绪，总会对着别人大喊大叫、会苛责他人、会不经思考地辱骂他人。尽管这些孩子的学业表现与考试成绩很好，他们却始终不理解为什么自己的行为会对他人造成困扰。

我知道，在一个完美的世界中，我们都希望自己的孩子也成为一个完美的人——同时具备高情商和高智商。我们都希望自己的孩子学业成绩优异、社交能力出众、责任感强，且具备良好的判断力和宽容之心。这是终极目标。但人无完人，就现实而言，所有人都是各种品质的混合体。

虽然我已为人母20多年，但实话实说，我认为自己在女儿的成长过程中对其情商的培养，即在培养孩子的心理健康和安全感方面尚有欠缺。

通常情况下，人们用智商作为衡量一个人智力水平的标准。但这种评价标准的设置仅仅是基于单一维度的纸笔测试成绩，考察的只是人们解读、加工以及复述书本和教师所教授知识信息的能力。而情商则是一种生活智慧，是一种利用生活常识来行走江湖的能力。我个人认为，情商是个体最重要的能力。

培养高情商的孩子意味着培养他们高度敏感的情境感知能力。简单来说，就是让孩子知道周遭发生了什么，能够自然融入该情境，并且游刃有余地控场。在我看来，情商是一种高级生存技能。

情商是人类极其重要的特质。如果我的孩子只能拥有智商与情商这"两商"中的一个，我会毫不犹豫地选择后者。

根据福布斯在线的报道，智商测试用于评估个体的逻辑思维能力和科技水平，诸如个体能消化吸收多少信息。与此同时，情商测试用于测量我们对于自身情绪与他人情绪的感知能力。情商还标志着我们调控自身与他人情绪、调整情绪适应环境、自我激励以及建立人际关系的能力[17]。

在广阔的生活情境中，情商意义重大。

我在这里呼吁家长们不要只关注孩子用以申请大学的学业能力，要更加注重他们作为"全人"的培养。因为，虽然学业成绩优异能够为孩子的未来发展提供很多机会，但它不能保证孩子能及时把握住机会。

除了杰出的学术能力，孩子们在进入高中、大学，甚至步入社会时，还需要具备良好的人际交往能力和沟通能力。此外，他们若要取得成功，需要具备批判思维能力、头脑灵活、善于提问，能够理解他人且把握局势。他们还要能够多线程工作、有效管理时间、勇于接受批评，并且能够坦然面对失败。除了学业能力，他们需要掌握的技能还有很多。

大家都曾耳闻目睹过"天才小医生"的故事吧。适龄儿童的常规课程无法满足部分超常儿童的学习需求，因此，这些儿童的家长通过跳级的方式来挑战孩子们的能力，以此确保他们不会觉得学校无聊。虽然故事很美好，但我却见过这种做法所带来的巨大负面影响。这些超常孩子的父母无视孩子的心理承受能力，仅凭学术测试成绩就妄图加速孩子的学习过程。我必须说，我不赞同这种做法。原因非常简单：孩子的考试成绩达到跳级学习的水平不意味着孩子的其他方面也做好了跳级学习的准备。同样的道理，中学生的知识掌握水平达到大学生的程度，也并不意味着中学生就能够适应大学生的学习生活。他们年纪还太小，独立生活能力、道德判断能力、时间管理能力和拒绝诱惑的能力等，都无法达到大学生的水平。也许缺少了父母的陪伴和提醒，他们甚至无法独立做到按时上床睡觉。

我认识莉比班上的一个男孩。他15岁就高中毕业，然后直接升入大学学习。他那时候还是个刚刚进入青春期的孩子。我不知道他是如何在小小年纪就适应大学生活的，我甚至无法想象一个尚未成年的孩子被扔进陌生的成人世界里会有什么样复杂的心理感受。一个15岁的孩子该如何与自己身心发展差异巨大的成年同学交往？可以想象，15岁的男孩要在一群18到22岁之间的成年人中立足会是多么艰辛。我们怎么能仅凭一份优秀的高中学业能力倾向测试 SAT 成绩单就判定，从未独立生活过的孩子能在大学，这个需要生活智慧与经验才能吃得开的社会环境中取得成功？

我在这里举此事例就是为了说明：尽管我们生活在一个唯学业成绩至上的社会，但在孩子还年幼的时候，家长们必须认识到，成绩，即智商不是我们唯一的培养目标。

我认为，当家长对于子女智力发展的关注超过对其情商发展的期待时，绝对是在给自己和孩子制造麻烦。这是因为，卓越的学业成绩仅仅是取得成功的必要因素之一。孩子们要想取得成功，卓越的学术能力、优秀的社交能力、强大的心理与强健的体格都不可或缺。而家长绝不能只在考试成绩上猛下功夫。孩子们需要知道，除了在标准化测试中取得好的成绩，生活中还有很多更有意义的事情要做。毕竟，如果无人赏识，取得再好的成绩也空无意义。

现在，由于我的大女儿在上大学，小女儿在上高中，我时刻都在提醒自己分数和标准化测试成绩的重要性。毕竟孩子们要想进入高水平大学，很大程度上取决于优秀的成绩。但请家长们不要为此陷入"唯分主义"的误区。虽然成绩对于升学具有不可撼动的重要意义，它们也绝不应该成为评价孩子的唯一标准。家长们还需要关注孩子的自我认知、社交能力、分析推理能力，以及情绪与行为控制能力等的培养。如果孩子们认为家长只关心考试成绩，或者只关心他们能否保持学业领先，那么就是在向孩子们传达错误的信息。这种误解可能会对孩子的成长造成灾难性的影响。

家长给孩子的压力还会造成其他不良影响。这种影响是我们非常不愿意看到的。我从事教育工作这么长时间以来，曾亲眼见到在家长的长期压力之下，孩子的心灵饱受摧残。其中很多孩子患上了饮食功能失调、焦虑、睡眠紊乱，甚至抑郁症。而这些不幸的孩子中，有的竟然不是初中生或高中生，而是小学生。

我认识很多学生的家长。他们每逢季末学校发放学生学业报告卡的时候，就处于极度焦虑的状态。尽管以字母等级为划分标准的传统学业报告卡已经被淘汰，可他们仍然如此紧张，就好像他们上高三的孩子能否被常春藤盟校录取全指望着这张成绩单一样。

这些家长关注的不是报告卡上孩子是否在遵守课堂秩序、团队合作或尊重他人等方面有所进步，而是他们的孩子是否在算数、几何与函数考试中考了满分。而即便孩子考得很好，他们还是会威胁孩子：如果下次考试不能保持这样的成绩，就会予以惩罚。

给孩子施加过多外部压力的结果往往事与愿违。我见过无数的孩子因为担心拼写测试不合格而情绪崩溃；有的孩子向我哭诉，他们的母亲会因他们数学考试成绩不理想而向他们大发雷霆；还有的孩子总是因为"胃疼"而跑到医务室，而事实上，那是因为他们经常过于紧张而造成的假性胃疼。上述这些情况皆是父母过分关注孩子的成绩所造成的。而令人遗憾的是，成绩其实并不是孩子取得成功的最重要因素。

对我来说，每个季末我打开女儿的学业报告卡时，最关注的都是有关孩子社交能力、倾听能力及表达能力的报告。因为对于我们夫妇而言，知道女儿们能够与同伴友好相处，并且能够尊重老师至关重要。我们时常告诫女儿，这是必须遵守的原则。

打从我们知道分数以及学业报告卡存在的那一时刻起，

就告诉女儿们：不管成绩是优秀还是合格，作为家长，我们只希望透过成绩看到的是她们为之全力以赴的过程。毕竟，每个人的天资不同，而优秀不是所有人都能取得的。但努力不会白费，因为至少大家能在努力的过程中不同程度地有所收获。此外，培养良好的职业道德可以弥补个人在智力领域的缺憾。

以我自己为例。我从小就不善于学习平面、一维的事物。但我视觉发达，需要图片以及接触实物等互动性操作来进行学习。我不像其他小伙伴那样天生聪慧，总是需要耗费比其他人多两倍的时间来记忆日期、概念和数学公式。

但是我非常勤奋刻苦，而且学习很有条理。我会主动延迟放学，留在教室等老师辅导、积极完成所有课外的学习任务，争取做那个每逢老师提问都会举手抢答的孩子。直至今日我都相信，是那时的勤奋与坚持让我度过了艰难的时期，让我在天资不足的情况下仍然保持没有掉队。这些都是我的优点。而我尽自己最大的努力将这些优点发挥到了极致。

大家可以看到，我从很小的时候就意识到，是我的家人、我的组织能力以及内在驱动力，而不是智商，成就了我。而我对自己现在的发展非常满意。这也是为什么我个人认为，当今社会，人们过高地评价了高智商对于成功的意义。

儿时的我，是个典型的标准化测试"失败者"。但我始终相信，学业成绩不足以成为一个人能力或潜力的唯一衡量标准。人的性格特质如此丰富和多面化，仅凭一份成绩报告单就对一个人的综合表现"盖棺论定"未免过于草率。我认为，将社交能力、倾听能力以及善良包容的性格作为判断个体成功与否的标准似乎更为合理。

在这里，请各位家长不要误解我。我内心里当然希望自己能够有超过140的智商，或者拥有一张闪亮的门萨会员卡。但认真分析过后，大家会发现，智商的确不是个体取得成功的唯一因素。毫无疑问，智商对于个体发展至关重要，可它仅是一块"敲门砖"，能为我们创造很多的机会。但仅凭高智商，绝不足以维持一份高调且高薪的工作。

我的观点是：如果您不能与他人开展良好的互动，建立并维持良好的人际关系，那么您的工作就可能岌岌可危——不受同事待见这个原因很可能导致您丢掉饭碗。这是因为，一旦缺乏必要的人际交流能力，您就无法与主流人群开展互动，团队合作就无法顺利进行。照此推论，辞退这样的员工也不无道理。

卡耐基技术研究所的研究显示，人的经济成就85%取决于人类基因所决定的天赋技能，包括人的性格以及人的沟通、协商和领导能力；而令人震惊的是，只有15%取决于人的技能知识。[18]这一观点发人深省，似乎也为我在本节的分析提供了支撑。希望这一观点也能对您有所启发。

对于我的女儿们，我和大卫总是强调，我们最看重的是努力的过程而不是结果。诚然，我们会鞭策她努力学习、不断进取，但最终的结果往往不如我们所愿。有时候，孩子们最好的成绩不过是中游水平。但这并不意味着她们失败了。这反倒是在提醒我们，孩子的优势领域或许不在于此。而此时她们最需要的，往往是父母培养的良好性格与心理品质。这些优秀的性格与心理品质最终会带领孩子们去自主发现自己的兴趣与优势的真正所在。

误区 17

对孩子说"不"的家长不是好家长

现实：家长必须敢于对孩子说"不"。

孩子在年龄尚小时，总希望得到其他孩子所拥有的一切。这是很正常的。在他们的世界里，最不能接受的，就是有人对他们说"不"。

自从他们学会摆弄那双肉嘟嘟的小手，就什么东西都想据为己有。他们从小伙伴那抢来玩具，挥动小拳头，不停哀求着我们也给他们买相同的玩具。一旦愿望没有实现，哀求很快就会变成不满的咕哝，甚至会飞快地演变成直白的索要。有时他们吵闹得太厉害，让人仿佛产生某种错觉，觉得他们开口说的第一句话其实是"我想要"。虽然这种情况从来不会有终结的一天（抱歉，现实就是如此），但通常来说，孩子们在长大、成熟后，会逐渐形成正确的价值观念（强调一下，通常情况下如此）。但处于成长过渡期的孩子，往往是最难应付的。

因此，家长应该趁孩子还小的时候，习惯对他们说"不"。如果我们不早点儿踩下这脚"刹车"，可能很快就要面对一个被宠坏了的讨厌鬼。我相信，大家能够想象那会是怎样的情形。

为什么孩子们总是想拥有其他孩子拥有的东西？而且为何他们不能接受"不"这个回答？原因有两个。其一，别人拥有这个东西；其二，孩子完全无法理解界限所谓何物。

这种现象时常出现在儿童游戏小组或小伙伴聚会时，也会发生在兄弟姐妹之间。占有欲所导致的问题会贯穿孩子的整个幼年时期，给家长和孩子自身都带来无尽的压力和焦虑。家长们需要明白，五六岁的孩子基本没有维持理性行为的能力。因此，当他们偏执地希望得到某物时，纵使家长费尽口舌，也无法说服他们放弃。再多的开导和分析都是白费力气。

这些年来，我差不多在所有您能想到的公共场合见到过小孩因索要物品被拒绝，而后对父母大发脾气的情况。我发现，问题在于，当孩子坚持不依不饶时，缴械投降的往往是父母。可我们是家长呀！我们本该有足够坚定的信念和心智能力去应付一个满腹牢骚的 7 岁小鬼。要知道，他们才 7 岁。我们在身高上占有绝对优势，随时可以把他们从车里扔出去。对孩子的无理取闹零容忍——这是我们每个家长都该坚持的原则。

在我们家里，我和大卫会对女儿们明确原则：如果她们胆敢在公共场所为了想要的东西无理取闹、乱发脾气，她们就别指望着再有出头之日（这是我们的原话）。等她们长大，能够跟我们进行理性对话了，我们就知道她们已经充分理解了在他人面前骄纵放肆的后果。这样一来，她们就完全没有机会制造麻烦，或者类似的麻烦了。此外，我们还经常提醒她们，如果她们在他人面前不注意约束自己的行为，我们保证一有机会，就会让她们当面难堪。通过这样的方式，我们也可以将羞愧变成一个"教育时刻"。

总而言之，事实就是：不论别人手上有什么闪亮、绚丽、漂亮、有趣的小玩意儿，我们的孩子都情不自禁地想要。自古以来，人们都会觊觎他人拥有的事物，尤其是小孩。而在大多数情况下，孩子永远都无法理解为何他们就是不能拥有一辆 Tonka 玩具车，或者总统款芭比娃娃玩偶。要改变这种思维，父母需要付出长时间的等待和不懈的努力。不过，这个目标是可以实现的。我们只需要摆正心态，坦然面对事实：这将是一场耗费心力的持久战。其间，我们必须持续攻击"敌人"的弱点，直至"战役"结束。

还有一点需要家长们谨记的是：越早教会孩子知足，他们在长大后索要更奢华、更精美的物品时，就会越容易应对。

要记住，孩子们越长大，就越倾向于和身边人的步调保持一致。他们会更加敏感地关注好朋友的穿着搭配、娱乐方式，并随即调整自己的。这是因为他们已经更进一步地接触到这个世界，尤其是在物质层面。

当我的女儿们上小学低年级时，她们与其他孩子并无不同。尽管我们已经尽力教她们学会知足，但她们每天放学回到家还是会向我们索要东西。虽然没有索要诸如玩具一类的物品，而只是想吃冰激凌、糖果，或者要求看电影，也终究是变相的索要。她们的年龄越大，要求也越难以满足。

在一个月的时间里，孩子们的索求已经反复循环了无数次。例如，她们俩"都必须有"的黑色运动长袜、苹果手机、UGG雪地靴、北面（the North Face）的抓绒外套、Razor滑板车和任天堂游戏机等。每一个年代都有自己的时尚潮流，就算流行的事物不同，孩子们对当下流行事物的渴求也是欲壑难填的。

孩子们的这种欲望不仅针对物质，有时也会想要一些无形的东西，例如希望争取和朋友一样宽松的宵禁要求、获得更长看电视或玩游戏的时间，又或者是要求多一些零用钱，等等。这类要求永无休止。因此，父母需要教会他们学着知足。

每个人都有欲望，这是人性的一部分。若非如此，贪念就不会置于"十诫"之首了。事实是，贪念之所以占据欲望之首不无道理。根据 The Big Guy 的观点，从理论上来说，我们都不应该觊觎他人的所有物。这话没错。但或许，它只存在于理论中。现实的情况是，不论是否应该，我们都不由自主地会对他人的所有物产生欲望。

而如果父母以奖励的形式选择性地兑现孩子的欲望，那么欲望也可能成为有效的激励措施。举例来说，若孩子们能够保持房间整洁一周，我们就奖励她们一次后院露营；当她们按时高质量地完成作业，我们就适当延长她们上网的时间；如果她们做完了所有分内的家务劳动，就允许她们和朋友去玩保龄球。毕竟，我们很清楚她们心里想要什么。

谁会忘记那种儿时不顾一切想要某物的感受呢？渴望某物的心情如此强烈、迫切，以至于我们无法呼吸，也完全顾不上其他事物了（我相信这就是所谓的"迷恋"）。我还记得，当脑子里想着某物直到仿佛被它吞噬时，我会变得不依不饶、斤斤计较，甚至父母都会对我感到厌恶。相信我，所有的孩子都这样。不过这是正常的。

举例来说。我清楚地记得，当我七八岁的时候，对于朋友们都拥有宠物狗这件事变得格外在意。我羡慕他们一周7天、每天24小时都有温软黏人的固定玩伴，我也十分想要一只。于是，没过多久，我就开始游说父母。正如大多数有所图谋的孩子一样，我十分卖力地向父母争取。

在我年幼天真的大脑中，根本找不到任何家养宠物狗的弊端。而且我十分肯定，养狗是帮了父母大忙——虽然我母亲平素并不喜欢狗狗；父母白天都要出去工作，根本没人喂狗；虽然我们的院子没有围栏。但不管怎样，养宠物狗的想法始终扎根在我脑中，让我无法自拔。

结果，我把我可怜的父母从头折磨到脚。我每次一开口必是恳求、乞求他们购买一只宠物狗。虽然我并不记得到底缠了他们多久，但我知道，我坚持了很久，因为最终他们屈服了。而这就是身为父母的我们经常做的事。就算有所迟疑，就算有一箩筐的理由反对，我们还是会屈服，但有时候，我们是情不自禁。因为就像孩子很难学会接受"不"这个回答，面对孩子，我们也很难学会把这个字说出口。

家庭教育本就不是一门精密的科学。家长们有时很难确定何时该同意、何时该拒绝、何时该介入、何时该放手。这也解释了为什么我们所做的一个错误决定往往需要浪费好多时间才能弥补。而既然我们所做的大多数涉及孩子的决定，是以他们的快乐和幸福为目标的，有时候也难免会主动埋下隐患、做些本不该做的事。因为我们太爱他们了。而这也正是我的父母最终让我拥有了自己的宠物狗墨菲的原因。

但别以为父母满足我养宠物狗的愿望我就知足了。现实是完全相反的。我的孩子自然也是这样。因此，我的父母在必要的时候就会对我说"不"，而我们，也需要这样做。我们很早就清楚，要让孩子们明白"不是所有的渴望都能实现"这个道理是非常重要的。现在我来告诉您，我们是怎么学到的——在孩子的成长过程中，我们会非常细致地观察其他孩子及其父母。

我们会格外关注那些牢骚满腹和过于严厉的家长。同时，会在心中默默记下欣赏和厌恶的孩子的特质。相信我，被宠坏了的孩子总是很引人注目。他们的父母亦是如此。因此，他们成了很好的反面教材，告诉我们在教养子女的过程中哪些事情不能做。例如，我们通过观察分析总结出，不能孩子要什么就给什么。原因很简单：人不能无所节制，尤其是小孩子。

天下没有哪个父母愿意看到自己的孩子伤心难过，更别提自己就是那个导致孩子伤心难过的罪魁祸首。但是生活教给我们一个简单朴实的真相：我们不能对孩子予取予求。相信我，这个念头很危险。如果让孩子认为，他们能够轻易得到一切并且为此心安理得，那就是给了他们不切实际的幻想。一旦他们长大，幻想就会破灭，因为外面的世界根本不会有人像自己的父母那样去配合、将就他们。

我做儿童教育工作这么久，很少看到孩子被家长拒绝。这种状况很糟糕。您总能见到孩子们因为得不到想要的东西而大哭大闹。这种情况在商场、超市，或是公园都很常见。他们之所以会这么做，很可能因为他们在家里总能如愿得到想要的一切。所以自然而然地认为，家门外的生活规则也是如此。好吧，如果说幼儿园的幼童因为还不能理解"不"的含义而哭闹情有可原，您若看到上小学的孩子在糖果店里因为得不到糖果而赖着哭闹不肯走，就说明他的家庭教育出现问题了。而且这个问题必须尽早解决，否则孩子的未来会变得难以掌控。

人有欲望很正常。对小孩来说，这更无法避免。但我们的孩子到了一定的年龄总该接受现实。第一，父母不是为孩子提供钞票的提款机；第二，父母的予取予求对孩子的成长毫无益处；第三，孩子们必须得学会适应挫折和失败，因为在现实世界里，不如意事十之八九。但他们需要时间来消化这些感悟。而在他们接受这些观点之前，我们必须努力抓住一切机会强化相关教育。

对此，我们必须像应对其他儿童教养问题一样，采取相应的策略——必须让孩子们习惯我们作为监护人的话语权；我们不光是他们爱、支持和安全感的来源，更是家庭中执掌规矩的人。正如需要我们提供爱与安全感一样，他们同样需要我们对其行为进行约束和管教。当然，我们对此必须保持教育原则的一致性。而其他的事，诸如孩子对我们所设置的行为限制如何反应，与我们无关；他们哭闹也好，扔东西也罢，即使与我们争论不休，都与我们无关；至于他们选择何种时机试图摆布我们以实现自己的愿望，那也是他们的事，与我们无关。

让孩子明白这个道理，就如同让他们学会其他教养理念一样，需要父母一遍又一遍地灌输、重复，然后谨守底线不放松（或许偶尔会宽限一两次，但不能再多了）。有时候，虽然我们必须遵守自己立下的规矩，但也可以根据情况适当地放宽限制。这一点，我称之为灵活处理，因事而论。例如，如果孩子们跟我们争取晚一小时再睡觉，被我们拒绝；而后，他们折腾得更厉害了，我们必须坚持不让步，但可以保留妥协的权利；我们可以说"最多再玩10分钟。要么接受，要么立刻上床睡觉"。但我们必须清楚，对孩子让步只会导致一个后果：那就是让他们更加坚信，他们有能力获得自己想要的任何东西。而这是我们绝对不愿见到的结果。

此外，家长们必须清楚，孩子会模仿我们的行为举止——如果我们总是发脾气，他们很可能也会情绪暴躁；如果在应对他们无休止的要求时，父母能做到冷静以对，那么他们最终很可能也会习得我们的好脾气。

不过，在面对孩子不厌其烦、永无休止地重复提出要求时，家长们的确很难保持冷静的状态。孩子们的喋喋不休会让我们筋疲力尽。而当我们对孩子讲清原则后就直接转身离开，效果会比与他们陷入争论要好得多。对孩子说"不"之后，当她们又绕回这个主题，我也曾尝试过跟她们争辩。但效果远不如我放话后就直接离开。

很多家长最常犯的错误就是试图与一个出生没几年的小孩讲道理。这铁定不会奏效。例如，我的女儿们刚到能坐副驾驶座位的年龄，就默认自己拥有了对于收音机的掌控权——她们会要求听各种流行电台。大多数时候我都答应了。但是只要有频道在播放80年代的音乐，我就会拒绝切换频道。有时我会厉声对孩子们说，我也有权利选择我要听的电台节目（请记住，我才是车主）。但这么做无疑就像点着了炸药桶。可以预见，这番话会引来一场激烈的辩论——不友善的那种。我会不由得怒火中烧（通常情况下，我的确会这样）。之后，总有一个人会先被触及底线，言语攻击就会随之而来。可见，这样的管教方式是无效的。

后来我发现，针对这种情况，有效的处理办法是：我给孩子们下最后通牒，声明若她们做不到毫无怨言地听音乐，我们索性就关掉收音机共享寂静好了。但凡我听到她们俩任何一人发出表示不满的奇怪鼻音，就会立马摁下关机的按钮然后保持微笑。这办法简直太有效了。

而它之所以有效，是因为我向孩子们明确了谁才是掌权人。就这么简单。学会适应我们的原则是孩子自己的事，他们用什么方法、适应得快还是慢，都与我们无关。

还有一个很能帮助我们的孩子学会接受拒绝，并认识到有所节制是件好事的方法，就是我们自己做出榜样，尤其要当着孩子们的面做出行为表率。

当然，我们是有稳定收入来源的成年人。理论上来说，我们不需要为能否买东西，或者买什么东西而征求其他人的意见。但当孩子还小时，如果我们想教会他们不是想要什么就能得到什么，就必须有意识地来证明这一点。我们不能想要什么就不假思索地买什么。那样会给孩子传递父母有双重标准的信息，让他们觉得我们虚伪。而当我们不断地践行自己的原则，这种行为模式给孩子们带来的积极影响会更为深远。

有时候，家长们实在是太容易直接屈服了，会直接满足孩子们的各种欲望。但这会是家长们犯的最大的错误。因为一旦家长妥协，就证明了孩子们的确有摆布我们的能力，那样他们一有机会就会再次使用这一手段达成自己的目的。这是个典型的道德两难困境。

作为成年人，尽管我们都竭力想维持平和的生活，但有时候，内心的欲望还是会驱使我们做出疯狂的举动，就如同渴望最热门的玩具会让孩子们发疯哭闹一样。有多少次，我们为了避免孩子们情绪崩溃而播放迪士尼电影，就是为了能在下午三点钟开重要的电话会议时不会有一头发疯的"小野兽"在疯狂地吼叫？还有多少次，我们恨不得把多余的一大把万圣节糖果全塞给孩子，就是为了能安安静静地开完最后一段车程到家？

  我这么做过。相信您也这么做过。我们都有过不理智的时刻，但那些时候，我们必须想方设法让他们马上停止胡闹。所以即便真这么做了，也不必太苛责自己。我们只是需要尽力保证在与孩子们的斗智斗勇中胜绩多于败绩。当孩子终有一天长大成人，和许多人一样开始自我反思，觉得自己表现得还不错时，他们一定会感激父母当初给他们设下的规矩。我保证。

误区 18

孩子的性格和心态是先天注定的

事实：孩子是环境的产物。

如果我们每个人都可以为孩子许一个愿望，我相信大多数父母会希望自己的孩子终生快乐无忧。至少我的愿望如此（事实上，这也是我一直以来对女儿们的期望）。毕竟我们抚养孩子的终极目标，是把这些健康、快乐的小生命培养成知足、乐观的成熟成年人，再让这些成年人将从我们身上所学的知识、信仰与生活态度，加之他们自身独特的个性，传承给他们组建的家庭，使其一代又一代地传递下去。

但快乐感总有源头。因为感知快乐并不是我们与生俱来的能力。它需要经外界植入，或者更准确地说，经他人所传授。快乐是一种心理状态，我们需要长时间浸润在这样的状态中学习如何适应它，并且需要机会来践行它。不过，更重要的是，我们需要他人来教会我们：快乐是一种选择，而且很可能是我们人生中所做的最重要的选择。与善良、共情、同情心等心理品质一样，快乐也是需要后天习得的。就我所知，快乐这种宝贵的能力是个体最早在家庭中习得的。这个能力的源头就在我们这些为人父母的人身上。事实上，将快乐的能力传授给下一代，并帮助孩子们磨炼好这项技能，是作为父母不可推卸的责任。

我的孩子们在成长过程中听我说的最多的话就是：态度决定一切。态度是人类一生中为数不多的能够被自身完全掌控的东西。一个人态度的塑造完全不依赖于他人。也就是说，我们总是有能力去自主选择自身的态度。

就好比我们每天都要去上班，可以选择乐观地接受工作并尽最大努力完成工作；也可以选择用消极、压抑和悲观的态度对待工作。当我们的孩子接受了这一理念，他们就会发现，这个理念将会对他们的人生产生巨大的影响。

而当孩子们小的时候，家长们能做的，就是强化孩子们的认知，即在任何境况下，我们都能够选择让自己痛苦，或是让自己快乐（尽管说起来简单，但这绝非易事）。父母应当在任何可能的条件下向孩子强调这个理念。这是因为，培养孩子积极向上的乐观态度有助于帮助他们将消极情绪消灭在萌芽中。而这一过程往往需要很长的时间。

孩子或许会为即将离开公园而伤心，也可以为已经尽情玩耍了很长时间而感到庆幸、开心；他们可能会因为到了睡觉时间而生气，但也可以因为知道父母会把他们拥在怀里，给他们读睡前故事而开心。孩子们现在还太小，不能主动去转换看世界的视角，因此，父母的职责就在于给孩子们指出事物积极的一面。长此以往，孩子们终究会理解、会习得——他们终会明白，乐观就像一种超能力，仿佛盾牌一样，能够抵挡所有的负能量。而父母，只需要教会他们如何去运用这种能量。

以我的女儿们为例。我总是需要不断提醒她们，拥有乐观的心态会让生活轻松许多（年幼的孩子有时很难理解这一观念）。比如说，每当我的孩子们放学回来心情不好，可能是与朋友大吵了一架，又或者是考试没考好时，如果她们任由坏情绪滋长，只会让自己的心情越来越糟，而且会逐渐影响其他家庭成员。这种情况时常发生。而我此时就会努力让她们先冷静下来，并向她们指出，对于已经发生的事情，抱怨和发脾气毫无意义（不过，这番劝导通常收效甚微）。

我曾经给女儿们解释过，她们有权为某些事情伤心、难过或沮丧，但前提是：无论事情多么困难、多么煎熬，她们都必须挺过来，要能够从负面的情绪中走出来。因为放任自己沉沦在负面情绪里的结果，只会是引发更多的负面情绪。类似案例在我家中屡见不鲜。每当一个孩子陷入不良情绪，其他家庭成员也会受到影响。而如果有人开始向他人恶语相向，通常会引发家中的多米诺效应——每个人都开始相互指责。可见，在我们自身意识到之前，这种负面情绪早已充斥全家了，而所有家庭成员都难以幸免。

所幸的是，与负面情绪相伴相生，快乐这种令人精神振奋、积极向上，并且让周围人感到身心愉悦的正面情绪的传播原理也是一样。

我坚信，快乐的情绪能够产生涓滴效应，尤其是在家庭环境中。快乐的情绪总是从父母逐渐传递给其他家庭成员。这也是我们需要从孩子年幼开始，就向他们言传身教快乐的影响力的重要原因。毕竟，在大多数事情上，孩子总是倾向于跟从父母的指引。

综上所述：**快乐的父母养育快乐的孩子**（大多数情况下如此），悲观的父母养育悲观的孩子。

不可否认，基因在我们生理和心理的发展方面都起到了重要作用，但我同时坚信，环境对于人的发展与性格塑造也会起到巨大的作用。简而言之，如果一个孩子来自问题家庭，那么他在成长过程中受到类似问题困扰的可能性也更高；反之，若一个孩子来自充满快乐、关爱与呵护的家庭，我们不难推断，他成长为理智、得体、快乐的成年人的概率肯定高于均值。由于这两类案例我都曾经亲眼见到过，因此，对这一理论，我深信不疑。

在我的教学生涯中，我曾目睹过无数问题学生因长期缺乏父母监管而导致了不良行为问题，终日被扣留在校长办公室里接受行为矫正辅导。这些孩子由于缺乏监护人帮助辅导课业、约束行为而长期浪荡街头，惹是生非。这种情况令人心痛不已。我难以想象会有这样的家长——甚至懒得去学校与副校长，或者孩子的老师沟通孩子的近况。他们逃避参与孩子的学校事务，拒绝与孩子进行家庭对话。而这些行为所导致的后果，是让他们的孩子付出了代价。这些孩子最终成长为易怒、不快乐的人。他们的人生永远缺失了快乐的选项。

缺少父母或者监护者去引导、激励和教导孩子"好心态是人生最重要的财富"，孩子们自己是无法领会这一道理的。因为父母的言传身教是这一理念传承的关键环节，需要父母坚持不懈地教诲。这是一种爱的付出。我们要像教导孩子不能尿裤子、扯他人头发，或是说脏话一样，持之以恒地强化孩子们积极向上的行为。

令人难过的是，尽管如此，我还是每天都能见到对孩子撒手不管的家长。这种疏于情感维系的家长养育出的都是不快乐、缺乏爱和生活动力的孩子。这里我所指的是那些即便没有工作、完全有能力在家抚养孩子，却仍然推卸教养责任的父母；那些对孩子的身心发展与日常生活不管不问的"隐形人父母"；那些雇用他人转嫁自己监护责任的父母；那些不花心思教育孩子如何积极思考，建立良好的人际关系，处理矛盾，塑造善良、乐观性格的父母。要知道，教养孩子并不是单纯地将孩子喂养大，孩子们还需要从父母身上汲取知识与品行的养分。而这些绝不是能从保姆、看护，或课外辅导班所习得的（注意：我不是在指责那些"双职工"家庭，以及那些因工作而不得不请人代为照管孩子的父母。在"双职工"家庭中，家长们更需要花费心思来考虑如何创造性地利用有效的亲子时间教育孩子）。

与此相反，我观察到，那些得到家长陪伴和鼓励的孩子的脸上总是洋溢着幸福和满足。不论是在学校、游乐场，还是家里，他们每时每刻都是快乐的。正是由于有了父母的指导，这些孩子才能够效仿父母建立同样的人生观，并在日常生活中践行积极乐观的人生理念，才会拥有这种乐观、积极向上的心态。

我并不清楚其他家庭的具体状况，不过，我之所以生儿育女，是希望自己能够尽最大努力来亲自抚养并教育他们，让他们有能力在未来成就最好的自己，而不是等着别人来哺育他们、爱护他们、照顾他们、管教他们。可惜的是，并不是所有家长都认同这个观点。有太多的家长早早就推卸掉亲身付出时间和精力去培养健康、快乐下一代的责任。

正如我之前所说，快乐是一种能力，一种跟数数、认字和懂礼貌一样，需要后天习得的能力。不可否认，培养这种能力并将其内化需要相当长的时间和足够的耐心。但现实就是如此。孩子快乐能力的发展也是需要父母悉心培养的，就如同我们当初教孩子骑无辅助轮的自行车时帮他们扶稳后座一样。陪伴他们，手把手地教会他们，最终我们会放手，让孩子独自前行。

最终，经过一段时间的学习和实践，孩子们就会认识到：不论在任何情境下，每个人都有选择快乐的权利。无论他们身在学校、与朋友们相处，还是在足球场上时，皆是如此。而当他们有意识地关注事物积极的一面，就能够保持理智、掌控局势。这就好像给他们身体里内置了救生圈，不论何时何地，即便深陷困扰的旋涡，也能确保他们不被负能量拉下水。

请记住：

快乐的孩子更具有生活的激情和动力；
快乐的孩子更具创造力；
快乐的孩子更善于表达；
快乐的孩子更容易沟通；

快乐的孩子更加充实；
快乐的孩子能力更强。

作为成年人，我们都清楚这个世界有很多负能量，无人能够幸免。我们都不得不与终日抱怨的女性打交道，听她们滔滔不绝地宣泄着对毫无前景的工作、不幸的婚姻、不省心的孩子，以及游手好闲的丈夫的不满。这世上绝对有那种人，他们似乎只要有事可抱怨就开心。这类人只关注事物的阴暗面、消极面。与他们打交道会让人心烦意乱。见他们走过来，您恐怕都会连忙闪避。

我认为消极心态是一种有损身心的性格品质。虽然生活并不完美，每个人都有权利感到伤心、不幸福或不满足。但当这些情绪逐渐发展成常态行为，我们恐怕就有麻烦了。而最可怕的是，这种负面的情绪或态度还会传递给我们的孩子。例如，我女儿雷莉好朋友的妈妈，只要一有机会就喜欢跟我抱怨她的女儿。她有时会私下抱怨，有时甚至公然当着女儿的面批评。这让人非常难以接受。因为当这个女孩听到伤人的言语从自己母亲的嘴里说出时，每次都会受到巨大的负能量冲击。其实这个女孩非常勤奋，做事有原则，待人懂礼貌、有规矩。而她的母亲却从未说过一句肯定她的话。这让作为旁观者的我都感到难受至极。每次她的母亲责备贬低她时，我就看到她整个人瞬间泄了气，变得沮丧。结果，这个女孩长大后，也会忍不住对她的朋友释放相同的负能量。这就是孩子的发展受到成长环境影响的真实案例。

我的观点是：每个人，尤其是孩子，都是家庭环境的产物。如果我们希望培养出有教养、积极乐观的孩子，就必须在家中为他们营造出与之相应的家庭氛围。同时，我们自己也要为孩子做出行动表率，绝不能言行不一、说一套做一套。我们不能总是计划着每周定期采购食物、熨烫衣物或是打理草坪却忘记执行，而指望年幼的孩子自觉自愿、开开心心地坐下完成数学作业。我们首先要做到自己言出必行，否则，再多说教对于孩子而言也与谎言没有差别。

如果我们自己不快乐，就不可能教会孩子快乐。我们是孩子掌握快乐技能最主要的学习对象。因此，如果我们不能由衷地表现出真实的快乐和满足，孩子们自然也就无法学会。如果我们总是抱怨、急躁、对他人妄加评论，这样的行为也会烙印在孩子身上。因此，我们必须时刻提醒自己，注意自己在孩子面前的言行举止。同时也必须控制好自身情绪，时刻注意自己的态度。我们必须清楚，父母的一言一行都落在孩子们的眼里。他们时刻在学习并复制着我们的举动。

这里，我以自身的童年经历为例。我母亲在40岁的时候丧夫。那个时候，我还只有10岁。面对生活的沉重打击，即便她因此而变得暴躁、绝望，甚至丧失对生活的信息，也不会受到他人的责备。那种对于生活愤怒、失望以及不知所措的情绪本可以轻易地传递到我身上。然而，这些情况都没有发生。或者说，我坚强的母亲不容许这种情况发生。面对生活的巨大打击，她仍然保持积极、乐观的态度：她告诉自己，生活还要继续。虽然她从没有掩饰过自己的悲伤，但总是尽可能地关注我们生活中那些积极乐观的事情，以此来减少负面情绪。她还会给我唱歌或者哼小曲儿。她至今还在做着这些简单却令人感到幸福的小事。那时候，她没有忘记经常拥抱我、亲吻我并对我微笑。她努力去挖掘和欣赏所有事物的美丽。是她教会了我，虽然生命中注定有悲伤和失望，但也一定会有更多的快乐、美与幸福与之平衡。

这正是我想表达的。塑造我们的孩子，塑造他们认知世界、与世界交互的方式是家长的重要使命，也是家庭教育的重要内容。孩子未来的成就与家长的努力密不可分。因此，我们必须尽早让孩子们明白，人一生中所言所行几乎都有两种选择：积极，或是消极。就如同我们看待一个盛了半杯水的杯子，有的人认为杯子半满，有的人却视其为半空。看待事物的视角完全取决于我们自身。

讽刺的是，尽管我们都希望孩子们在开心、快乐中成长，也仍然需要教会他们面对现实：现实生活并不如装满樱桃的大碗那般，承载着的全都是幸福甜蜜。生命的每个阶段都会有悲伤与失落编织其中。

我们得清楚，生活是喜怒哀乐的五味陈杂。而让孩子们做好生活准备的唯一方法，就是让他们尽可能多地去体验。我们不可能让孩子们生活在"真空"中。要确保他们能够应对各种情况，唯一的办法就是，尽我们所能让他们去体验生活的各种滋味。孩子们需要体会生活中的痛苦与狂喜、成功与失落。这意味着，他们可能会经历高潮，也有可能会坠入低谷。但只有这样，他们才能在遇到真实的问题时从容面对。

在这里，我们无法回避的事实是：生活与家庭教育都不是坦荡通途。只有拥有积极的心态、来自家庭的幸福感、来自父母的爱与支持，我们的孩子才能够在快乐中茁壮成长，发展为体魄强健、心智健康的少年、青年、成年人，最终成为新一代的父母。而直到此时，我们方可在夜晚安心入眠。因为，我们深知，自己已经把为人父母能给予孩子最好的能力传授给了他们，而他们，也一定能够建构起属于自己的成功、快乐人生。

这并非易事。要知道，为人父母，我们的快乐尚不及孩子的一半啊。

请稍等一下，本书尚未完结

《给孩子恰到好处的爱 做不焦虑的父母》系列丛书的第一本已经完结，但我们都知道，还有很多的工作尚未完成。我在学校的教学工作还将继续开展。来自不同年级、不同年龄的孩子们还会给我的工作带来更多新的挑战。而遗憾的是，面对孩子，教育永远不会有"万灵药"。

因为教养孩子就像是火的洗礼。作为家长，我们唯一能做的就是谨记：家庭教育是家长与孩子共同成长的过程。家长需要勇于尝试，不要害怕失败；即便失败了也要站起来继续尝试。培养"完美孩子"的执念纯粹是在浪费时间。因为所谓的"完美"根本就不存在。我们需要接纳自身与孩子的不完美，并且提醒自己，生活并不是预想中的一条直线。

为了更加详细地展开对于关键年龄段家庭教养方面的探讨，我将在接下来的三年里每年撰写一本相关著作，希望可以帮助家长们应对儿童教养方面的现实问题，缓解家长的焦虑。这三本书分别是：

- 给孩子恰到好处的爱 做不焦虑的父母
  （针对 9～12 岁儿童）
- 给孩子恰到好处的爱 做不焦虑的父母
  （针对 13～16 岁少年）
- 给孩子恰到好处的爱 做不焦虑的父母
  （针对 17～20 岁青少年）

如果您希望第一时间收到我新书出版的信息，请访问我的个人网站 www.lisasugarman.com 并注册申请接收邮件通知。在您等待我新书出版期间，您将每周定时收到我全国同步发行的幽默专栏《这才是事实》(*It Is What It Is*)的相关邮件推送。

后　记

　　20多年前,当我和大卫第一次有了自己的孩子,对于该如何教养子女一无所知。因为那时候我们才结婚4年,感觉我们自己都还是孩子。但我们清楚,即使住在附近的父母和家人可以时常来帮我们搭把手,如何教育孩子归根结底还是我们自己的责任。

　　于是,我们阅读了大量关于儿童教养的书籍。这些书籍让我们对儿童的关键生长期及发展阶段有了模糊的认识,但它们却不曾真诚、如实地告诉我们,在教养子女的过程中,会发生诸如儿童闹剧、孩子发脾气,或是他们第一次当着父母的面狠狠摔门而去等其他事宜。

　　在经历了无数次的失败后,我们最终找到了适合自己的教养方式。在摸索的过程中,我们尝试了很多方法。现在,我们已经习惯了身旁总有个"小尾巴"跟随,睡觉总是保持时刻警醒;习惯了将孩子们的兴趣放在第一位;知道在星期日下午一次性做好未来五天的早餐三明治可以节省每天清晨早起给孩子们做早餐的时间；也学到了在与孩子们的争执中将自己的话说完就冷静地走开，然后过一会儿，孩子们会自己过来首先跟我们说抱歉。

但同时我们也认识到，教养子女的方式是由家长的主观意识决定的，不拘泥于形式，也没有放之四海而皆准的"模板"。适合某个家庭的教养原则不一定适合所有家庭。此外，无论我们多么希望孩子们永远开心快乐，生活往往都不会尽如我们所愿。我们必须让孩子们学会品尝失败的苦涩，因为那才是生活最宝贵的经验。只有我们在跌倒后重新站起来，或在苦痛后重拾欢乐，才能学会格外珍惜当下所拥有的一切。

我们逐渐理解了，孩子们是通过试错来找到适合他们自己的方法、节奏以及同伴的。无论过程多么曲折，他们终究会找到自己的方式。而不论我们对孩子发展的规划、设想和期望有多么完美，事情的实际发展方向与呈现结果总是会与我们的期待相去甚远，因此，做父母的，要做到灵活应变、学会自我调适，并始终保持开放、接纳的心态。

而我们学会的最重要的一点是：没有所谓的"完美家庭"。因为教养子女的过程是父母和孩子共同学习、共同成长、不断追求自我完善的过程。作为家长，不要总是追求完美，而孩子们，也无须成为我们所期望的模范公民。

这个认识可以成为儿童教养的有力武器——我甚至以

此为题撰写了我的全国幽默专栏《这才是事实》,成功激起了全国范围内关于儿童教养观念的讨论。很多家庭认为我的观点促使他们反思是否该放松对孩子的桎梏,降低对孩子的过高期待。很多读者反映,当自己不再强迫孩子做"完美小孩",而让他们回归天性,却反而明显感受到孩子行为与性格发展向更好的方向转变了。读者们的热情支持成了我继续写作的动力。

我与很多读者成了好朋友,我们的共同理想都是成就快乐的家庭。为此,我承诺他们将会撰写一本关于如何培养完美的不完美孩子并学会接纳他们的书(讽刺的是,与此同时,我和大卫送我们的大女儿去上了大学)。但这些朋友认为,我更应该撰写从幼儿园到大学不同阶段的教养系列丛书。而本书是该系列丛书的第一部。

这就是《给孩子恰到好处的爱 做不焦虑的父母》丛书的由来。

该系列的后续几部已经在撰写过程中。希望各位读者朋友继续关注。我将竭尽所能加快写作进度,努力给大家呈现更精彩的内容。

参考资料

[1] Child Mind Institute. *2016 Children's Mental Health Report.* http://childmind.org/report/2016-childrens-mental-health-report/.

[2] YoungMinds.org. "Mental Health Statistics." Accessed September 26, 2016. http://www.youngminds.org.uk/training_services/policy/mental_health_statistics.

[3] Fulghum, Robert. *All I Really Need to Know I Learned in Kindergarten.* New York: Ballantine Books, 2004.

[4] Resnick, Mitchel. "Kindergarten is the Model for Lifelong Learning." Edutopia.org. May 27, 2009. http://www.edutopia.org/kindergarten-creativity-collaboration-lifelong-learning.

[5] "The Synapse." Neuroscience for Kids. Accessed September 26, 2016. https://faculty.washington.edu/chudler/synapse.html.

[6] Hirsh-Pasek, Kathy, and Roberta Michnick Golinko#. *Einstein Never Used Flashcards: How Our Children Really Learn—and Why They Need to Play More and Memorize Less.* Emmaus, PA: Rodale, 2003.

[7] Scholastic.com. "The Joys of Doing Nothing." Accessed September 26th, 2016. http://www.scholastic.com/parents/resources/article/creativity-play/joys-doing-nothing.

[8] Brenner, Joel. "Sports Specialization and Intensive Training in Young Athletes." American Academy of Pediatrics. August 2016. http://

pediatrics.aappublications.org/content/early/2016/08/25/peds.2016-2148.

[9] Chin, Richard. "The Science of Sarcasm? Yeah, Right." Smithosonian.com. November 14, 2011. http://www.smithsonianmag.com/science-nature/the-science-of-sarcasm-yeah-right-25038/?no-ist.

[10] Ibid.

[11] KidsHealth.org. "Encouraging Your Child's Sense of Humor."Accessed September 26, 2016. http://kidshealth.org/en/parents/child-humor.html.

[12] Fluckey, Eric. "Why Sarcasm Is So Great." Huffington Post. Last updated August 4, 2016. http://www.hu>ngtonpost.com/eric-fluckey/why-sarcasm-is-so-great_b_7887342.html.

[13] Scribner, Herb. "Most American Children Have a Cell Phone Before They Turn 7 Years Old." Deseret News National. April 7, 2015.http://national.deseretnews.com/article/4005/most-american-chil-dren-have-a-cell-phone-before-they-turn-7-years-old.html.

[14] DiProperzio, Linda. "Creative Ways to Teach Sharing." Parents.com. Accessed September 26, 2016. http://www.parents.com/toddlers-preschoolers/development/social/ways-to-teach-sharing/.

[15] Durlofsky, Paula. "The Bene$ts of Emotional Intelligence." PsychCentral.com. Accessed September 26, 2016. http://psychcentral.com/blog/archives/2015/10/29/the-benefits-of-emotional-intelligence/.

[16] Bradberry, Travis. "Emotional Intelligence—EQ." Forbes.com.January 9, 2014. http://www.forbes.com/sites/travisbradberry/2014/01/09/emotional-intelligence/#1ed6d0f93ecb.

[17] Jensen, Keld. "Intelligence Is Overrated: What You Really Need to Succeed." Forbes.com. April 12, 2012. http://www.forbes.com/sites/keldjensen/2012/04/12/intelligence-is-overrated-what-you-really-need-to-succeed/#7e2433cd6375.

[18] Ibid.